L'EXPÉRIENCE

Découvrez la puissance de votre intuition
et transformez votre vie

Mathias Barthes

L'Expérience

Découvrez la puissance de votre intuition
et transformez votre vie

Fayard

Avertissement

Les prénoms des témoignages ont été modifiés. Toute ressemblance avec des faits et des personnes existants ou ayant existé serait purement fortuite.

Couverture : Le Petit Atelier

978-2-213-73114-8
Dépôt légal : Janvier 2025

« L'expérience la plus belle et la plus profonde
que puisse faire l'homme est celle du mystère. »
Albert Einstein

Introduction

Lorsque je suis né Mathias, en conservant la conscience de mon incarnation précédente, j'étais apaisé à l'idée que j'allais faire quelque chose de mon existence. Quoi exactement ? Je ne l'identifiais pas. Mais j'avais la volonté de laisser quelque chose, d'éveiller mon entourage à une connaissance subtile et de lui transmettre un savoir. En d'autres termes, en dépit de mon corps d'enfant, j'avais conscience d'avoir déjà été quelqu'un, dans une précédente vie. Et j'avais l'intime conviction que je n'étais pas là pour rien.

Ce qu'il me restait donc à comprendre, c'est le chemin qui allait me mener à mon dessein : des années d'enfance obscures et interminables à la découverte d'une société pour le moins déconnectée des valeurs spirituelles, élitiste et concurrentielle.

Et je dois avouer qu'avançant sans guide dans ma « nouvelle » vie, n'obtenant aucune réponse à mes questions, l'incompréhension et la déprime m'ont peu à peu envahi, faisant de moi un enfant mélancolique et terne.

Ma vie se scindait en deux mondes : celui de la médiumnité, qui occupait mes nuits, et celui du quotidien terre à terre que m'imposait le jour. J'ai rapidement compris que les phénomènes que je vivais la nuit ne pouvaient en aucun cas être évoqués une fois le soleil levé.

À 11 ans, un grand bouleversement est venu confirmer « ma différence » : le décès de mon arrière-grand-mère, dont j'étais très proche. Sur son lit de mort, elle me disait depuis plusieurs jours qu'il ne fallait pas que je l'oublie, que je pense à venir lui rendre visite au cimetière. Surtout, elle me répétait qu'elle veillerait sur moi une fois là-haut. J'ignorais la signification de ses mystérieux propos.

Mamisette est morte le 25 décembre à 4 heures du matin... À 4 heures et demie, elle était au pied de mon lit, m'annonçant elle-même avec douceur : « Mathi, je ne souffre plus, je suis bien là où je suis. » À mon réveil, lorsque mon père me fit part de la nouvelle, je fus étonné : comment avais-je pu parler à Mamisette alors qu'elle était déjà partie ?

Cet étrange phénomène sagement rangé dans un coin de ma tête, je finis par me persuader qu'il ne s'agissait que d'un rêve. Surtout qu'au fil des nuits, mon arrière-grand-mère défunte poursuivait ses visites…

Mamisette m'expliqua ainsi la véritable nature de la vie dans l'au-delà, où le temps n'existe plus. Elle m'apprit que lorsque quelqu'un avait ne serait-ce qu'une pensée à son égard, elle le ressentait, ce qui lui permettait de garder un contact avec nous. Elle m'affirma que depuis là-haut, les choses étaient radicalement différentes, que le corps physique qui nous limitait sur Terre offrait, de l'autre côté, de multiples fonctionnalités. D'ailleurs, décédée à l'âge de 86 ans, elle apparaissait dans mes rêves avec vingt ans de moins ; c'était bien la preuve de ce qu'elle avançait.

Après chacun de ses enseignements nocturnes, quelques minutes avant mon réveil, elle prenait soin de me rappeler doucement : « Surtout, ne parle pas de tes visions, Mathi. Personne ne sera en capacité de te comprendre et tu en souffrirais. » Qu'importe les avertissements de Mamisette, je racontai tout à ma mère dès le petit déjeuner !

Je n'ai jamais su si mon arrière-grand-mère avait les mêmes facultés extrasensorielles que moi, mais c'était une femme très pieuse qui maniait sûrement l'art du magnétisme. Je me souviens qu'elle soulageait mes bobos d'enfant, notamment mes maux de ventre, en appliquant doucement ses mains sur mon abdomen tout en récitant une prière. Je l'ai compris plus tard, quand j'ai découvert à mon tour ce pouvoir de l'énergie transmise avec mes mains.

Si les visites nocturnes de Mamisette m'ont beaucoup questionné, elles ont eu la vertu de rendre sa mort plus douce ; elle ne m'a jamais réellement manqué, tant je ressentais toujours sa présence dans l'invisible. Il est certain que nos moments de partage culinaire, nos parties de dames et ses inoubliables goûters gargantuesques m'ont parfois manqué, mais si je ne savais pas exactement à quel endroit se trouvait son âme, je savais m'y connecter et le manque disparaissait immédiatement.

En grandissant, à mesure que des changements s'opéraient dans mon corps et mon aura énergétique se développait, et avec elle, mes dons et ressentis. Si Mamisette avait depuis longtemps déserté mes nuits, ces dernières restaient rythmées par les visites de défunts qui habitaient mon sommeil. Certains soufflaient ou murmuraient quelques mots dans le creux de mon oreille, et restaient parfois si longtemps dans ma chambre que j'étais obligé d'allumer toutes les lumières pour leur faire comprendre qu'ils m'importunaient.

Entre mes facultés psychiques qui ne cessaient de s'accroître et les interrogations sur la vie après la mort qui me préoccupaient, mon adolescence fut compliquée. Tiraillé entre mon âme attirée par un monde spirituel inconnu et la réalité matérielle d'un système scolaire stressant, mon avenir semblait incertain, et dormir était devenu mon refuge pour rejoindre « l'autre monde ». Endormi, j'étais enfin en connexion avec ma véritable « maison ».

C'est un livre qui a fini par m'éclairer sur ma différence et qui a ouvert mon horizon de gamin un peu isolé, toujours en quête de réponses. Un jour, alors que mon frère jumeau était plongé dans un bouquin, je me souviens que ma mère me proposa d'aller à mon tour en choisir un dans sa bibliothèque. Je parcourais les titres un par un, quand l'un d'eux attira mon attention : *Les Lumières de l'invisible* de Patricia Darré[1]. Les mots « lumière » et « invisible » ont fait tilt, éveillant en moi la reconnaissance de celui que j'étais. La lecture de cet ouvrage – que j'ai dévoré en une nuit – me rendit

1. Éditions Michel Lafon, 2013.

comme affamé l'immensité de ce qu'il révélait. L'auteure y parle des mémoires laissées par nos ancêtres après leur disparition, de la vie après la mort, de ses propres expériences extrasensorielles, mais aussi de vibrations, de dons et de médiumnité : grâce à son témoignage, je découvrais pour la première fois que mes ressentis, mon vécu, ma différence étaient bien réels et n'étaient pas le fruit de mon imagination ! À 14 ans, j'ai ainsi pu mettre un mot sur ma sensibilité et comprendre ce que j'étais : médium.

Une telle découverte a immédiatement entraîné son lot de nouvelles questions : est-ce un métier ? Faut-il se former ? Comment être crédible quand on bénéficie de ce don ? Comment me démarquer des autres et comment exister à mon tour ? Pour tenter de trouver des réponses, j'ai entamé une démarche spirituelle qui m'a conduit à dévaliser les rayons ésotériques des librairies de ma région. Et à 15 ans, j'ai acheté mon premier jeu de voyance, un tarot de Marseille, accompagné d'un manuel explicatif. Enthousiaste, j'ai découvert les cartes, leurs significations, les différents tirages, et me suis lancé, soutenu par ma famille… qui fut aussi mon premier cobaye ! J'entrais dans le jeu du voyant sous forme de question/réponse et tirais les cartes aux amies de ma mère, à mes tantes, à mes cousins et aux voisins... Plus rien ne pouvait m'arrêter. Certaines prédictions étaient justes, d'autres non. Le but était surtout de me familiariser avec des supports, de dompter mes capacités.

Lorsque j'ai visité une boutique ésotérique près de chez moi, je ne l'ai plus quittée. J'allais vaguement en cours le matin, et déployais chaque après-midi une énergie toujours plus forte à en apprendre davantage sur « l'invisible » et sa force supérieure. J'assaillais de questions le gérant, un vieux monsieur à l'œil malicieux qui mettait un terme à nos conversations par : « Tu en sais déjà beaucoup pour aujourd'hui, nous verrons la suite à ta prochaine venue. » Et je repartais chargé de livres pour nourrir cette partie de moi laissée trop longtemps sans réponses.

À force de développer mes connaissances et de déployer mes facultés, je commençai à comprendre et à maîtriser mes ressentis ; à prendre conscience, aussi, qu'être médium bénéficie de capacités extrasensorielles inexploitées la plupart du temps.

Le gérant magicien de la librairie ésotérique, devenu mon maître spirituel, qui me rassura du mieux qu'il put : « Tu fais partie des enfants du nouveau monde, me confia-t-il avec assurance, une espèce qui détient dans son corps des sortes de mises à jour avec des capacités plus avancées que nombre de nos compatriotes. C'est la raison pour laquelle tu dois d'abord apprendre avec humilité à développer tes sensibilités pour les mettre au service des autres. Un jour viendra où ton rôle sera d'entendre et de réveiller à ton tour ceux qui sont encore endormis. »

Mais comment assumer ma place ? Étais-je suffisamment doué ? Avec si peu d'expérience, comment savoir si j'étais vraiment légitime ? Un jour, c'est un prêtre qui vint m'apaiser en m'affirmant d'un ton solennel : « N'aie aucun doute sur tes dons, tu es né le jour de la fête de Notre-Dame de Lourdes, date sacrée de la première apparition de la Vierge Marie à Bernadette Soubirous… »

Prétendre à la fonction de médium si jeune m'effrayait. Sans l'aide de mes parents, je n'aurais d'ailleurs sans doute jamais été au bout de la démarche – je les en remercie une fois de plus ici. Ils m'ont encouragé, encore et encore, à suivre la voie qui m'inspirait, et soutenu dès l'ouverture de mon cabinet à tout juste 18 ans.

Notre société n'a aucune réticence à parler de dons lorsqu'il s'agit de ceux des chanteurs, peintres ou musiciens qui révèlent leur talent au grand public, mais qu'en est-il des médiums qui détiennent la clairvoyance, la clairaudience ou le pouvoir de magnétisme par le toucher ? Ceux-ci ne font pas souvent l'unanimité quand il s'agit de leurs capacités à percevoir des signes non perceptibles par nos cinq sens... Lorsqu'on me demande ce que je fais dans la vie, les questions qui suivent immédiatement ma réponse interrogent ma légitimité et révèlent la méconnaissance du grand public : « Que vois-tu sur moi ? » « Vas-y, dis-moi ce qui s'est passé hier dans ma vie ! » « Tu peux me dire ce qui va se passer demain ? » Et cela quand je ne me heurte pas à une forme d'inquiétude, voire de rejet : « J'ai trop peur que tu me révèles quelque chose que je ne veux pas entendre... » « N'entre pas en contact avec mes proches défunts, s'il te plaît. » Ou encore : « Ne dis surtout pas à ma femme que je la trompe ! » Sans parler de ceux qui tournent simplement les talons et préfèrent ne pas m'adresser la parole : je leur fais peur...

Finalement, personne ne sait qu'un médium n'est pas en perpétuelle connexion avec l'invisible et qu'il ne fait que détenir la capacité de recevoir et de voir ce que les autres ne voient pas, uniquement quand ça lui est autorisé. Heureusement, nous pouvons très bien faire les aveugles et les sourds psychiques en ne nous rendant pas disponibles aux mondes invisibles quand bon nous semble. Un peu comme un chanteur qui préférerait chantonner tranquillement au lieu de pousser sur ses cordes vocales !

Bien sûr, il arrive à certains médiums de se voir traversés brutalement par des informations, dans des contextes qu'ils n'ont pas souhaités ; le plus souvent, ils prennent peur et décident, pour ne plus être dérangés, de fermer l'accès à leurs dons. C'est dommage, il ne s'agit que d'une mauvaise gestion de fréquences, sur laquelle ils pourraient travailler plutôt que de tout arrêter. D'autres fois, l'invisible nous transmet des informations qu'il n'est pas judicieux de partager. Je repense notamment à une personne de mon entourage qui me fit part de son envie de suivre mon exemple et de développer ses dons. Flatté, touché, j'ai interrogé mes guides pour savoir comment l'aider à affiner ses capacités. Dans un flash, je l'ai vue entourée de sa famille en deuil au chevet de son frère décédé… L'information, de toute évidence, m'étant destinée, je me suis contenté de lui recommander de prendre son temps et de se laisser guider.

N'oublions pas que le médium, en raison de ses aptitudes, peut déceler une certaine fragilité chez son consultant et devenir une sorte de gourou pour lui. Il est pour cela nécessaire que vous conserviez votre libre arbitre, surtout dans le cas d'une information transmise qui ne vous conviendrait pas : et si cette réponse dérangeante et inattendue se révélait une nouvelle opportunité ?

Beaucoup de médiums oublient que les informations provenant des mondes invisibles ne sont pas toujours bonnes à transmettre. Ils doivent plutôt aider le consultant à comprendre les enjeux d'une séance. C'est ce qui fait la richesse de la médiumnité que je pratique : mon rôle est de rendre le pouvoir à celui qui vient me consulter, afin qu'il se sente parfaitement libre, autonome et créateur de sa propre vie, à la lumière des informations subtiles que je lui transmets. J'éclaire ses sensibilités, à lui de choisir.

Loin de l'étiquette du charlatan ou du gourou, c'est ce postulat que je place au centre de ma pratique et qui guide toutes mes séances comme chaque page de cet ouvrage : j'ai choisi d'offrir un espace de sérénité et de spiritualité favorable à la reconnexion avec vous-même. Et ce en vous révélant les pouvoirs inattendus de vos sensibilités.

À travers le témoignage de mes expériences extrasensorielles, je vous invite à vous laisser guider dans la découverte de vos capacités émotionnelles : avec des exercices simples, vous découvrirez comment faire confiance à votre intuition et recevoir des informations subtiles pour répondre à vos questionnements, regarder votre vie différemment, équilibrer vos vibrations et déployer vos perceptions subtiles pour vous rendre plus heureux, plus serein, plus en accord avec vous-même.

Si vous tenez ce livre entre vos mains, ce n'est pas un hasard, c'est qu'il vous est destiné. Que vous l'ayez acheté de votre propre chef, en suivant un conseil ou qu'on vous l'ait offert, il complétera, d'une manière ou d'une autre, votre apprentissage personnel de vos sensibilités et de vos intuitions.

Débarrassez-vous seulement de vos idées préconçues, dépassez vos doutes, lâchez vos incertitudes et laissez-vous guider par les mots qui vont suivre. Si certains d'entre eux vous sont inconnus ou sonnent étrangement à votre oreille, survolez-les sans y prêter attention : accueillez-les simplement sans trop réfléchir, car le monde dans lequel je vous conduis ne se soumet pas à la raison, et croyez-moi, ça fait du bien !

Ce livre, je vous en fais la promesse, changera votre rapport au monde, à vous-même et aux autres. Préparez-vous à voir vos croyances chamboulées, mais n'ayez crainte, c'est le processus normal de l'éveil de votre intuition !

MATHIAS

Chemin 1

Prenez conscience de l'énergie que vous dégagez

Les êtres humains, au-delà de leurs différences physiques, de leur voix ou de leur odeur, possèdent tous une énergie distincte. Même dans l'obscurité, les enfants savent reconnaître instinctivement si une personne leur est chère ou s'ils ne la connaissent pas. Pourquoi ? Parce qu'ils perçoivent naturellement la vibration de l'aura des autres. Cette perception est présente chez tout le monde, même si nous n'en sommes pas tous conscients. Il suffit de l'apprivoiser.

Il est essentiel de comprendre que tout ce qui compose l'univers émet des vibrations en raison des atomes constituant la matière : la lumière, les sons, les éléments naturels, les végétaux, les animaux, etc. Nous, les êtres humains, ne faisons pas exception ; nous émettons aussi des vibrations.

Également connues sous le nom d'Aura, elles sont souvent désignées comme le charisme : en réalité, une personne dotée d'un grand charisme possède une énergie puissante et rayonnante. C'est cette énergie qui constitue notre âme. Elle se présente sur plusieurs niveaux de vibration qui, ensemble, forment la globalité de notre être et peuvent se distinguer en quatre corps.

Que cachent nos différents corps ?

Tout d'abord, il y a le corps charnel, notre corps physique. Visible à l'œil nu, il est le pilier de notre existence et c'est en quelque sorte notre premier corps, celui que nous possédons tous pour vivre.

Puis, nous avons un corps éthérique (ou énergétique). Il est le gardien et l'enveloppe du corps physique. Il distribue et régule l'énergie qui y circule ainsi que l'ensemble de nos vibrations. C'est le moteur de notre santé et de notre vitalité. Plus ce corps énergétique est épais, plus cela signifie que la personne est pourvue d'une énergie physique forte, qui se matérialise par un halo de lumière rayonnant autour de sa tête. Vous n'en avez jamais vu ? Il suffit de porter votre regard autour de la tête de votre interlocuteur, sans le fixer mais dans une sorte de flottement distant. Si par chance la personne se trouve sur un fond noir ou blanc – c'est plus simple pour commencer –, vous percevrez peut-être une matière transparente et un peu floue. Avec un peu de pratique, vous parviendrez à distinguer le corps éthérique de tout ce qui vous entoure – objets, végétaux, animaux. Nous y reviendrons sous forme d'exercices.

Le corps mental, quant à lui, est animé par nos pensées. Il renferme notre imagination, notre raisonnement, notre intellect, ainsi que nos connaissances innées et acquises. C'est lui qui nous permet de prendre des décisions ou de trouver des solutions à nos problèmes, à nos questions.

Enfin, il y a le corps astral (ou émotionnel), qui est relié à nos émotions et nos désirs. Il nous autorise à nous déplacer dans nos rêves et sert également de véhicule pour le voyage astral, qui est une expérience de dissociation du corps et de l'esprit pendant laquelle l'âme explore de façon autonome l'espace environnant.

La première sortie consciente de mon corps physique avec mon corps astral a eu lieu lorsque j'avais 6 ans, un dimanche matin, alors que je dormais encore. J'ai eu la sensation de flotter au-dessus de mon lit. Il m'était difficile de me déplacer car je ne pouvais pas prendre appui sur la matière.

Mais rapidement j'ai compris que mes désirs pouvaient me guider. Attisé par la curiosité de me déplacer ainsi, j'ai flotté jusqu'à la terrasse de la cuisine où mes parents prenaient leur café avec un voisin. Mon père était allé chercher des croissants et racontait que la boulangère voulait lui acheter une voiture – il est concessionnaire automobile. Une heure plus tard, alors que j'avais réinvesti mon corps physique et parfaitement réveillé, j'ai eu la preuve que mes parents avaient bel et bien partagé leur petit déjeuner avec le voisin puisqu'il restait trois tasses sur la table dehors ainsi que les croissants soigneusement enveloppés dans leur sachet. Et lorsque mon père m'apprit plus tard que la boulangère envisageait de lui acheter une voiture… La boucle était bouclée.

Cette découverte psychique de mon enfance, parmi tant d'autres, semblait tout à fait naturelle à mes yeux. Les premières fois, mes sorties astrales se faisaient à proximité de mon corps physique – dans ma chambre, ma maison puis mon village –, mais à mesure de ma pratique, j'ai commencé à me déplacer partout sur Terre et dans d'autres systèmes solaires.

Certains d'entre vous font peut-être des « paralysies du sommeil » qui provoquent la sensation d'être hors de son corps et de ne pas savoir comment y revenir : c'est simplement votre corps astral qui s'est échappé. Ne vous affolez pas, ayez simplement le désir de retourner dans votre corps en l'ordonnant à votre esprit. Un peu à la manière de Peter Pan qui attend le sommeil pour partir à la découverte d'un monde invisible, initiez-vous au voyage astral. Et si vous souhaitez en apprendre davantage sur le sujet, je vous recommande la lecture de l'ouvrage de Marc Auburn, *0,001 %. L'expérience de la réalité*[1].

Cela peut vous surprendre, parce que de ces différents corps on ne distingue avec nos yeux que celui qui est fait d'os et de chair, notre enveloppe corporelle. Pourtant, ce sont bien ces quatre corps qui constituent notre personnalité dans sa globalité.

Ce n'est pas tout ! Il me reste encore à vous en présenter trois autres, souvent appelés « corps subtils », non perceptibles par les sens. Parmi eux, on trouve le corps causal, celui de l'âme, qui enregistre tout ce qu'il y a dans notre vie présente mais aussi dans les précédentes. C'est une sorte de supermémoire qui nous ouvre à l'inspiration, à l'intuition, à la connaissance directe, à la créativité, etc. La méditation profonde, autrement appelée « méditation

1. Éditions Atlantes, 2013.

guidée » ou « pleine conscience[1] », par laquelle nous trouvons l'apaisement et la sérénité, notamment grâce à un travail de respiration, est un excellent moyen de développer le corps causal.

Ensuite, le corps bouddhique (ou corps d'éveil) est celui qui nous permet d'entrer en relation avec nos guides spirituels, les anges et les invisibles. Pour ma part, j'ai découvert très tôt ces formidables potentialités. Je me souviens même de la lumière qui m'entourait avant d'être Mathias, une lumière si pure que le vocabulaire dont je dispose ne pourra jamais lui rendre honneur. Oui, oui, vous avez bien lu : je me souviens parfaitement de mon existence avant mon incarnation sur cette Terre. J'étais dans un plan lumineux, sans corps, sans mental limitant ; en contact avec quelque chose qui se situe au-delà de la matérialisation. Cela peut paraître complètement fou, mais je savais qu'il me fallait quitter cet espace pour m'incarner sur Terre. Il est évident que posséder ces ressentis aussi stupéfiants était bien trop pour un jeune enfant… Je devais me faire entendre sans avoir encore les moyens de communiquer par la parole ! Je me souviens des adultes qui s'adressaient à moi comme si je ne les

1. Je vous en donne quelques clés page 40, si vous souhaitez intégrer cette pratique à votre quotidien.

comprenais pas. C'étaient eux, pourtant, qui ne me comprenaient pas.

Le corps divin, dernier des corps subtils, est celui qui touche au spirituel sacré. Il nous permet de vivre dans la foi, la confiance, la sérénité et l'amour inconditionnel. Lorsqu'on dit d'une personne qu'elle possède une « grâce divine » ou d'une autre que « c'est un amour », cela signifie que son corps divin se ressent à travers son charisme.

Si vous trouvez ces explications un peu obscures, voire folles, c'est normal. C'est le moment de vous détacher de votre mental pour vous laisser guider par vos sens ! Retenez simplement que si notre enveloppe physique est le seul corps visible à l'œil nu, tous les autres corps invisibles, nous constituent tout autant. Autrement dit, nous possédons une multitude d'énergies aux possibilités infinies dont nous ignorons le plus souvent l'existence. Et c'est notre sensibilité qui en est la clé.

Branchez-vous sur les bonnes ondes

Ce que nous sommes en tant qu'humains ne s'arrête pas uniquement à notre corps physique, mais comprend l'ensemble des vibrations de notre aura, individuelle et unique. C'est notre aura, encore, qui nous permet de continuer notre chemin après la mort. On l'appelle le plus souvent « l'âme » : lorsque notre passage sur Terre se termine, nous laissons uniquement à notre merveilleuse planète, comme une offrande, notre corps physique, encore alimenté par notre corps énergétique. Contrairement aux autres couches invisibles, celui-ci ne quitte pas instantanément notre corps physique au moment de la mort, et en ralentit la décomposition.

Parfois d'ailleurs, il arrive que cette décomposition n'ait jamais lieu. Comme en témoigne le célèbre Padre Pio dont le corps a été retrouvé intact en 2008, quarante ans après sa mort. Mais c'est un autre sujet. En somme, l'aura – le charisme ou l'âme, appelez-la comme vous voulez – reste immortelle car elle continue de vivre à travers nos autres corps subtils.

Cette aura est aussi notre façon de nous présenter au monde et d'interagir avec lui en fonction des énergies émises et reçues : elle reflète directement ce que nous ressentons et peut ainsi changer d'une minute à l'autre au gré de ce que nous pensons, de ce que nous vivons, des émotions qui nous traversent.

Nous sommes tous sensibles à l'aura que nous dégageons et à celles que nous rencontrons. Nous constatons par exemple que nous avons des affinités plus ou moins marquées avec ce qui nous entoure. Sans en connaître la raison exacte, nous n'avons pas la même attirance pour une personne, une espèce d'arbre ou un animal, alors qu'ils appartiennent tous à un groupe d'espèces communes. Parce que nous sommes des êtres sensitifs qui développons malgré nous des préférences instinctives, nous possédons autour de notre enveloppe charnelle une énergie qui nous constitue et nous aide à ressentir l'invisible. Et nous devons à tout prix apprendre à lire les informations qu'elles nous livrent car elles vont nous aider à prendre des décisions si nous doutons des intentions de notre interlocuteur, mais aussi à nous adapter à nos émotions et nos ressentis au travers des énergies reçues par notre entourage.

Notre aura peut nous surprendre et sa perspicacité est presque sans limites. Adolescent, alors que j'étais en pleine exploration de mes ressentis, je suis parti marcher avec ma mère dans la campagne. Ma différence devenait de plus en plus compliquée à gérer au quotidien : je me sentais continuellement incompris. À cet âge où être différent s'apparente pour beaucoup à une tare, j'avais tenté de me dissimuler en me créant une image lisse et parfaite, en particulier sur les réseaux sociaux. Cela fonctionnait d'ailleurs si bien que nous étions devenus, avec mon jumeau, l'attraction de notre collège privé : nous étions « populaires » et, tantôt idolâtrés, jalousés, jugés ou harcelés, je m'amusais à endosser l'allure d'un personnage authentique. À défaut de me sentir normal, je me sentais aimé.

Bref. Après une bonne heure de marche à écouter les oiseaux s'interpeller et apprécier la brume s'estomper sous la chaleur du soleil, nous avons croisé une connaissance de ma mère. En la regardant, j'ai ressenti une immense tristesse. Cette femme me semblait fatiguée et en plein doute. Après l'avoir saluée, alors que nous reprenions notre chemin, j'ai partagé mon ressenti à ma mère. Elle me confirma que cette femme était depuis des semaines en arrêt maladie à la suite d'une rupture amoureuse. Je suis certain que vous avez déjà dû vivre ce type de situation, pressentir quelque chose sans vous l'expliquer. C'est le signe que la vibration de votre aura vous habite.

Vous le voyez bien autour de vous : lorsqu'une personne est dans un état dépressif, même si elle ne parle pas, vous ressentez son mal-être. La vibration qu'elle émet n'est pas agréable car elle est différente de la vôtre et chargée négativement. De même, si vous vous trouvez dans un état vibratoire tranquillisé, en paix avec vous-même (après une séance de méditation, par exemple), et que vous rejoignez un ami qui sort tout juste du travail après une journée chargée, vous serez sur deux vibrations auriques opposées : son hyperactivité ou même simplement l'intonation de sa voix pourront vous sembler dérangeantes.

Je me souviens d'un camarade de classe, en première, que le professeur avait placé à côté de moi car mon calme, pensait-il, allait sans doute l'aider à mieux maîtriser son hyperactivité. Sans rien connaître aux énergies, il m'a immédiatement averti : « Je n'arrive pas à rester à côté de toi, j'ai l'impression que tu m'endors ! » En réalité, il n'avait pas tort : nos énergies étaient parfaitement opposées. Je lui ai expliqué ce principe, mais il m'a dévisagé comme si j'étais un extraterrestre – c'est l'histoire de ma vie ! Pourtant, cette expérience ne l'a pas laissé indifférent puisqu'il a fini par se calmer et par être attentif aux cours tant qu'il restait assis près de moi.

Une autre anecdote, qui illustre l'importance des vibrations énergétiques dans nos relations, me revient. Après une consultation dans mon bureau avec une amie médium, alors que la combinaison de nos vibrations énergétiques avait atteint son paroxysme, j'ai fait entrer un peu trop vite une autre personne. D'un ton menaçant et en gage d'introduction, cette femme d'une soixantaine d'années m'a lancé de but en blanc : « Je pense que vous n'avez pas de bonnes énergies, votre bureau me donne mal à la tête et j'ai des frissons. » Sans lui répondre, j'ai pris quelques instants pour modifier la vibration de mon aura et de mon espace, avant de lui demander de ressentir à nouveau l'énergie. Cette fois, sa réponse se fit plus douce : « Oui, ça va, je me sens mieux. Qu'avez-vous fait ? » Dans l'intervalle, lui ai-je expliqué, je m'étais simplement adapté à sa vibration aurique. Elle avait assimilé ce sentiment d'inconnu qui l'avait saisie à « de mauvaises ondes », reproduisant un schéma très ancré qui vise à tout catégoriser entre le bien et le mal, en associant systématiquement et instinctivement l'inconnu à ce dernier. Au lieu de l'accueillir sans jugement et de s'y adapter avec amour et bienveillance, son réflexe premier (comme pour beaucoup d'entre nous !) fut de s'y opposer.

Nous ne sommes pas seuls !

Tous en tant qu'humains, nous possédons un soutien depuis l'invisible. Certains les appellent « dieux », « anges gardiens », « guides » ou encore « êtres de lumière », peu importe le nom que nous leur donnons, car n'étant pas dans le monde physique, ils n'ont pas d'ego donc il leur est égal d'être nommés. L'important pour eux est que nous prenions tous conscience de leur présence, car ils nous accompagnent et nous soutiennent dans nos expériences terrestres. Mais qui sont-ils ? Sachez qu'ils nous considèrent comme un membre de leur famille et nous aiment d'un amour inconditionnel. À leur côté, nous formons une véritable équipe, afin d'évoluer sur notre mission terrestre divine. Ils peuvent nous donner des idées, nous prévenir par intuition, nous pousser à agir et à être la meilleure version de nous-mêmes. Ils n'ont pas nécessairement de visage, puisque dans leur dimension immatérielle ils n'en ont pas besoin. En revanche, ils possèdent tous un esprit d'une puissance telle qu'ils peuvent avoir une influence sur notre matière. En d'autres termes, il faut comparer notre vie sur Terre à un grand jeu qui dure en moyenne quatre-vingts ans, avec nos guides qui nous accompagnent dès notre conception.

Expérimenter l'ancrage à la Terre pour être dans l'instant présent

Qu'est-ce que l'ancrage ? Il s'agit d'une action énergétique de connexion à la Terre, berceau de la vie qui nous accompagne chaque jour dans notre évolution. Ce n'est pas pour rien que certains l'appellent « Terre mère », car elle est la source de toute création terrestre, elle nous a créés, elle nous alimente, que ce soit en eau, en nourriture, en oxygène et même en énergie…

L'énergie de la Terre est réparatrice, elle permet de se concentrer sur l'instant présent, afin de booster sa confiance en soi et de retrouver sa sérénité. Je vous propose d'apprendre à vous ancrer, en quelques étapes simples que vous pouvez répéter quotidiennement. Point de départ de toutes les expériences proposées dans ce livre, cet exercice vous aidera à vous recentrer, à développer votre créativité et à vous sentir aligné avec la vibration de votre aura. Au même titre que vous aimez ressentir votre maison ou votre partenaire sur la même fréquence énergétique que vous, vous allez commencer par vous aligner avec la vibration de la Terre ; vous verrez qu'un grand nombre de vos déséquilibres pourraient disparaître.

Expérience n° 1

- Sur une assise confortable, les pieds bien à plat au sol, les yeux ouverts ou fermés – choisissez ce qui vous convient le mieux –, les mains sur les genoux avec les paumes dirigées vers le ciel, les jambes décroisées, portez votre attention sur votre respiration.
- Inspirez et expirez lentement et profondément par le nez, en imaginant que chaque inspiration vous élève, et que chaque expiration vous ancre un peu plus dans le sol.
- Ressentez que vos pieds se connectent, comme un aimant, à la vibration du magma de la terre. Vous pouvez même sentir sa chaleur subtile. Pour vous aider, visualisez la couleur rouge bordeaux – c'est l'énergie de la vie, de la terre – qui monte des pieds à la tête.
- Laissez le stress, la pression et l'agitation de votre esprit descendre le long de votre corps jusqu'au magma qui détruit ces charges négatives.
- À votre rythme, imaginez ensuite que vous accueillez une lumière dorée et claire venue du ciel, qui descend le long de votre tête jusqu'à votre cœur. Prenez quelques instants pour

ressentir ainsi un équilibre entre l'énergie de la terre et l'énergie du ciel, faisant de vous un être terrestre divin.

- Une fois que vous avez créé et accueilli cette énergie divine émanant de vous, étalez-la à l'ensemble de votre aura et sentez qu'elle peut s'étendre bien au-delà de votre corps, sur des milliers de kilomètres, pour tout le monde et partout dans l'univers.
- Affirmez à haute voix des phrases positives telles que : « Merci d'être en vie sur Terre. » « Je suis heureux. »
- Laissez-vous un instant pour accueillir, ressentir et conscientiser ces nouvelles énergies divines de joie et de vie vibrer en vous et autour de vous.

Notre équipe invisible nous est extrêmement reconnaissante lorsque nous honorons notre incarnation par le simple fait d'être heureux d'être en vie, ce qui permet de réaliser l'importance qu'a notre incarnation sur Terre. Celle-ci nous accepte dans sa matérialité, nous avons alors le devoir de lui générer de l'amour en retour, afin qu'elle reçoive de bonnes ondes, car elle aussi est sensible à nos émotions. Cela peut vous surprendre, mais les animaux et les végétaux génèrent énormément d'amour à la Terre, car ils ont conscience qu'ils ont besoin d'elle pour vivre, tout comme nous !

Dans cet état de conscience que l'on nomme « alpha », caractérisé par une sensation de bien-être, de calme, de paix et d'amour, vous êtes maintenant pleinement dans l'instant présent, en harmonie vibratoire avec notre maison commune qu'est la Terre.

Répétez cet exercice autant de fois que nécessaire et partout où vous le souhaitez, condition *sine qua non* de réussite de tout ce que vous allez entreprendre.

Soyez qui vous voulez : le pouvoir insoupçonné de la force de votre aura

Si à seulement 22 ans mon activité intéresse aujourd'hui des personnalités publiques ou des hommes d'affaires, et si je me faufile habilement dans toutes les classes sociales sans être jamais rejeté ni discrédité, c'est parce que j'ai conscience que je peux modifier par la simple force de ma pensée la vibration de mon aura, et l'adapter en fonction de mes interlocuteurs.

L'aura, tout comme notre corps physique, est habitée par nos émotions actuelles mais aussi par celles du passé, contenues de façon consciente ou inconsciente dans notre mémoire. Chaque être humain détient ainsi **quatre types de bagages** qui lui sont strictement personnels : **les bagages animiques** (qui sont les mémoires de votre âme dans vos vies antérieures, et même au-delà des incarnations), **les bagages transgénérationnels** (les mémoires de votre génétique familiale), **les bagages intra-utérins** (la mémoire des émotions, souvent vécues par transfert avec la mère, dans le ventre maternel) et évidemment **les bagages de votre vie actuelle**. Tout cela est contenu dans votre vibration aurique.

Mais la magie de tout cela, c'est que vous êtes en mesure de changer la vibration de votre aura par un simple conditionnement mental. C'est exactement ce que l'on demande à un bon acteur ou comédien de théâtre : d'ajuster son aura à celle de l'individu qu'il est en train de jouer, afin que le public perçoive et comprenne le caractère du personnage. Quand j'étais petit, je disais à mes parents que je voulais être acteur : sans aucun modèle de médium dans mon entourage, je me demande si ce n'était pas un moyen de véhiculer un message, de raconter des histoires, de transmettre des choses aux autres en se calant sur l'énergie du spectateur.

Nous faisons déjà cela spontanément dans notre quotidien, nous adaptant à notre entourage comme aux situations. Mais si vous le faites consciemment, si vous modifiez votre intention vibratoire à bon escient, vous verrez combien la réussite vous sourira !

Expérience n° 2

Ne vous levez plus jamais du mauvais pied !

Si vous vous réveillez un matin avec une vibration aurique (c'est-à-dire une énergie) mélancolique lourde, prenez seulement quelques minutes pour faire entrer en vous l'émotion et l'énergie d'une personne heureuse et joyeuse avec l'assurance de transformer votre journée. Stopper la petite machine à critiquer qui fonctionne à plein tube dans votre cerveau. Parce qu'en somme, si vous êtes ronchon, c'est que vous ruminez sans doute contre quelqu'un (votre conjoint n'a pas vidé le lave-vaisselle ou votre patron vous a fait une remarque désagréable…) ou contre vous-même (vous trouvez que vous avez mauvaise mine ou que vous n'avez pas assuré à la réunion d'hier). Chassez la colère ! Accueillez la réconciliation. Pour vous aider, contrez immédiatement ces mauvaises énergies en vous concentrant sur cinq qualités qui font de vous (ou de celui contre qui vous êtes en colère) une personne aimable, puissante et… heureuse. Cherchez un peu, je suis sûr que vous allez trouver de quoi vous réjouir ; balayez la mélancolie, faites la peau à vos croyances négatives et attachez-vous aux aspects positifs de votre existence.

Vous verrez qu'avec un peu d'entraînement, votre vibration va changer, vous vous sentirez mieux et vous deviendrez même resplendissant pour vous et pour l'autre !

La loi de l'attraction : demandez ce que vous voulez à l'Univers

Si vous êtes célibataire depuis plusieurs mois mais que vous n'êtes pas encore remis de votre rupture, il y a toutes les chances pour que votre aura envoie des vibrations informant les célibataires que vous êtes toujours en couple ou, pire, que vous n'accueillez pas l'amour… En somme, des signaux contre-productifs si vous souhaitez faire une belle rencontre !

Connaissez-vous la loi de l'attraction ? C'est une loi puissante qui permet de demander ce que vous voulez à l'Univers. Ou presque. Eh bien, c'est par la vibration de votre aura qu'elle s'exécute. En une seule anecdote, vous allez comprendre.

Alors en vacances, je cherchais une place de stationnement pour ma voiture afin de rentrer à mon hôtel. Plus je tournais en me disant « je ne vais jamais trouver de place », plus je remplissais mon énergie aurique de cette incapacité à trouver une place. Je n'arrêtais pas de tourner agacé et en colère… À bout de nerfs, j'ai fini par me reprendre, j'ai pris une profonde inspiration et j'ai changé d'intention. Puis, à voix haute, j'ai prononcé cette phrase : « Je suis Mathias, un être heureux au service des anges, de la Terre et de l'Univers, j'aime ma voiture ainsi que toutes les places de parking, c'est pour cela que je vais trouver la place idéale pour moi. » J'ai fait pour la énième fois le tour du pâté de maisons, calmement et avec l'intention de me garer, et en arrivant devant l'entrée de l'hôtel, la place la plus proche de la porte s'est libérée sous mes yeux. Il fallait simplement que la vibration de mon aura change afin que j'attire à moi ce que je désirais. Mais ce genre d'expérience vous est certainement déjà arrivé à vous aussi : une attitude positive et ouverte vous a sûrement dans le passé guidé vers de nouvelles opportunités, complètement par hasard. Ou plutôt, grâce à votre vibration aurique positive.

Vous avez un super pouvoir sans le savoir !

Alors que j'étais enfant, je devais avoir 11 ou 12 ans, mes parents m'ont emmené en consultation chez un homme qui pratiquait des soins énergétiques. À l'époque, ils cherchaient par tous les moyens à apaiser mes angoisses liées aux milliers de questions que je me posais sur mon existence, mes différences et mes difficultés à m'adapter à notre monde.

Comme j'étais mineur, l'homme a demandé à ma mère de rester avec moi durant la séance. C'était horrible ! J'avais parfaitement conscience qu'il pouvait lire en moi et je ne voulais surtout pas qu'il révèle à ma mère que j'avais… une amoureuse ! En me mettant simplement dans l'intention que cela ne se voie pas, je me souviens d'avoir ordonné à mes énergies de ne pas lui dévoiler l'information en me visualisant sans amoureuse. Et cela a si bien fonctionné qu'il ne l'a pas évoqué.

Il arrive souvent que mes consultants ne souhaitent pas aborder un sujet ; dans ces cas-là, ils émettent, avec l'unique force de leurs pensées, une sorte de protection qui m'empêchera de ressentir ce qu'ils ne veulent pas que je ressente. N'oubliez pas que vous êtes libre, que vos pensées vous appartiennent et que c'est à vous de décider des vibrations de votre aura mais aussi de ce que vous transmettez. Nous sommes des êtres divins multidimensionnels qui avons, grâce à notre pensée ou à notre imagination, la formidable capacité de changer la vibration de notre énergie. Prenez de nouveau l'exemple des comédiens de théâtre, des acteurs ou des hommes politiques, qui ont un rôle public à tenir : tous détiennent mille visages, se métamorphosent au gré de leurs rôles ou de leurs prises de parole, un peu comme le caméléon qui se fond avec dextérité dans son environnement.

Si vous aussi vous avez besoin de donner une autre image de vous ou de vous montrer sous votre meilleur jour, portez simplement l'intention sur les énergies qui vous habitent et reprenez le contrôle avec une simple intention positive qui boostera vos talents, votre créativité, et démultipliera votre puissance.

Il y a quelque temps, une femme d'une soixantaine d'années est venue au cabinet, pour savoir si elle allait enfin trouver l'amour. Cette question revient souvent dans mes consultations, et ce sont généralement les mêmes blocages qui sont aux commandes : une simple affaire de vibrations. Le cas de Paola ne faisait pas exception. Elle était élégante, gracieuse, mais son aura était assombrie par des vibrations dévalorisantes largement ancrées dans son mental, tant sur sa propre personne que sur l'ensemble de la gent masculine. Comment aurait-elle pu rencontrer l'amour en restant persuadée qu'il était introuvable et qu'elle maintenait ses convictions sur l'égoïsme des hommes, qui sont, je cite, « tous des manipulateurs » ? Impossible !

En lui expliquant l'importance de sa vibration aurique, j'ai pris soin de lui dire qu'en changeant son état d'esprit, son souhait aurait toutes les chances de se réaliser. D'ailleurs, je lui ai ensuite dévoilé qu'elle rencontrerait un homme exerçant une profession en lien avec la justice, que je voyais veuf et père d'une fille vivant à l'étranger. Lors de leur première rencontre, proche de la mer ou d'un point d'eau, il porterait une chemise verte et tous deux mangeraient des huîtres avant de décider – assez vite – de partir pour l'Italie.

Cependant, j'ai bien insisté sur le pouvoir qu'elle détenait sur cette prédiction : elle seule était en mesure de reprendre les rênes de sa vie, son avenir dépendait uniquement d'elle. Persuadée de la véracité de mes visions parce que l'une de ses amies lui avait dit du bien de mes séances, Paola décida de me faire confiance et de suivre le conseil que je lui avais donné à l'issue de notre rendez-vous : cesser de se positionner en victime, de reprendre son pouvoir, de mettre un terme aux croyances qui la limitaient et de s'ouvrir à l'avenir merveilleux qui l'attendait. Au fur et à mesure, sa vision d'elle-même devint attractive, Paola put pardonner aux hommes de son passé, et son aura vibrait dans la joie, l'amour et la paix : mon rôle s'arrêtait là, à elle de s'ouvrir aux opportunités de la vie.

Huit mois s'étaient écoulés lorsqu'elle me demanda une nouvelle consultation. Quelle joie de l'entendre me raconter avec émotion sa rencontre improbable ! Cet homme venait de s'installer dans la région quand elle avait fait sa connaissance sur un site de rencontres ; magistrat, veuf, il avait une fille installée en Asie. Ça vous rappelle quelque chose ? Leur premier rendez-vous avait eu lieu au bord de l'eau, près d'un étang, où ils avaient commandé des huîtres. La chemise du monsieur, vous l'avez deviné, était verte, et leur premier voyage fut un week-end qu'il lui proposa d'organiser… en Italie, pour apprendre à mieux se connaître !

Comme Paola, vous pouvez reprendre le contrôle sur ce que vous dégagez et vous ouvrir aux opportunités exceptionnelles qui s'invitent dans votre quotidien. Avoir conscience de la vibration de votre aura sera votre meilleur allié pour attirer ce que vous désirez le plus au monde. La joie attire la joie, l'amour attire l'amour, la paix attire la paix.

Déprogrammez vos croyances limitantes

Les grands sportifs le savent bien : même blessés, fatigués et à bout de forces, pour gagner, tout passe par le mental. Qu'elles soient individuelles ou collectives, certaines croyances issues de notre culture, de notre environnement familial ou de notre religion freinent parfois nos élans et nous empêchent de réussir tant elles sont inscrites dans nos schémas mentaux. Pourtant, il est possible de lutter contre ces croyances limitantes en les identifiant et en explorant d'autres façons de raisonner, notamment grâce à un changement de vibration de notre aura.

Puisqu'on attire ce que l'on croit et ce que l'on vibre, changer de vibration permet de se libérer pleinement. Si vous peinez à accomplir certains objectifs, si vous vous sentez nul, si vous êtes persuadé que telle ou telle chose est impossible, si vous vous répétez sans arrêt que vous n'y arriverez pas ou que vous ne le méritez pas, cet exercice est pour vous. Prenez le temps de le faire : croyez-moi, il peut tout changer !

Expérience n° 3

• Commencez par vous recentrer en suivant chaque étape de « l'expérience d'ancrage à la Terre pour être dans l'instant présent » (page 35).
• Visualisez un bol, un saladier, une casserole ou n'importe quel récipient creux qui va recueillir vos croyances limitantes.
• Pensez à toutes les phrases négatives et dévalorisantes que vous vous dites (ou que vous avez l'habitude d'entendre sur vous) : « Je ne sers à rien dans [...] » « Je n'ai pas ma place dans [...] » « Je n'arriverai jamais à [...] »...
• Pour vous en détacher, visualisez ces croyances qui sortent de vous et que vous abandonnez dans le récipient. Laissez toutes vos pensées dévalorisantes le remplir peu à peu.
• Une fois ces croyances limitantes déposées, affirmez à voix haute : « Ceci ne m'appartient pas, ce sont mes créations et je les détruis. »
• Imaginez, avec votre puissance d'intention, la désintégration de chacune de ces croyances jusqu'à leur disparition totale. Pour vous aider,

n'hésitez pas à les représenter se réduisant en cendres dans l'âtre d'une cheminée.
- Quand le récipient est vide ou la cheminée emplie de cendres, vous voilà prêt à progresser et à reprogrammer votre cerveau pour saisir les opportunités qui se présenteront à vous.

N'hésitez pas à répéter cet exercice avec des phrases différentes et de nouvelles intentions. Il permet d'élever la vibration de votre aura et de vous sentir pleinement reconnaissant et légitime de vivre sur cette Terre.

Chemin 2

Apprenez à décrypter les émotions des autres

Dans le premier chapitre, nous avons vu que la vibration de l'aura détenait nos mémoires et émotions passées, présentes et même futures. Grâce à la modulation de la vibration de notre aura, nous pouvons modifier la manière dont nous nous percevons et donc celle dont les autres nous perçoivent. Mais pas seulement ! Nous pouvons également tous déceler de façon empathique, c'est-à-dire en étant pleinement à l'écoute, si une personne est heureuse, contente, triste ou peinée, voire dangereuse pour vous.

Lorsque vous offrez un cadeau à une amie, par exemple, elle vous transmet ses émotions à travers celles qui se lisent sur son visage, mais vous pouvez aussi les ressentir dans l'énergie qu'elle dégage.

Il vous est sûrement arrivé de rejoindre vos parents, des amis ou des collègues juste après qu'ils se sont disputés : sans le savoir ni avoir assisté à la scène, vous en avez perçu l'énergie, vous avez senti une tension ambiante, et ce même si, pour ne pas vous embarrasser, on vous aura affirmé que « non, non, tout va bien ».

Ces vibrations, bonnes ou mauvaises, nous sommes tous en mesure de les percevoir car nous avons ce que l'on appelle de l'empathie. Cette capacité à comprendre l'autre et à nous identifier à lui est nécessaire pour vivre en communauté et pour apprendre, mais aussi pour se soutenir les uns les autres. Grâce à l'empathie, nous avons de la compassion pour les sentiments ou la situation d'une personne, sans en avoir nous-mêmes fait nécessairement l'expérience. Nous l'avons constaté lors de la crise sanitaire du Covid-19 : l'énergie renvoyée par la plupart de nos voisins et de l'ensemble du pays provenait de l'inquiétude et de la peur face à une pandémie incontrôlable. Une émotion ressentie collectivement qui a parfois fait émerger une belle créativité et un renouveau du lien.

La clairempathie, celle que je pratique, est en quelque sorte le stade légèrement au-dessus de l'empathie : je peux ressentir physiquement, psychiquement et émotionnellement les émotions, la douleur ou la détresse de quelqu'un comme si je les vivais moi-même. Ce qui me permet de les aider à résoudre leurs problèmes. Si vous ressentez très fort les émotions de ceux qui vous entourent, peut-être êtes-vous aussi, un clairempathe.

Les bébés, de grands empathiques

Il est désormais possible d'affirmer qu'à partir du moment où nous détenons une enveloppe matière, c'est-à-dire *in utero*, dans le ventre maternel, nous ressentons l'environnement qui nous entoure : le fœtus se développe en lien avec les émotions de sa mère, qu'elles soient joyeuses ou tragiques[1].

Pour la psychothérapeute Nicole Derboghossian[2], le développement psychologique de l'enfant démarre avec sa conception, et les implications psychologiques du stade intra-utérin sont loin d'être neutres dans le comportement du futur adulte. Lorsqu'une femme enceinte est victime de violence, par exemple, l'enfant puis l'adulte qu'il deviendra sont susceptibles de subir des conséquences traumatisantes en raison des souvenirs vécus pendant la grossesse.

---

1. Selon l'étude « Dans le ventre de sa mère, le fœtus associe sons et émotions » publiée par *The Conversation* le 17 mai 2017.
2. *Le Développement psychologique de l'enfant*, Dunod, 2017.

J'ai été confronté à une personne tellement marquée par sa vie *in utero* qu'elle en était restée claustrophobe. Elle est venue me consulter parce qu'elle voulait en comprendre l'origine et surtout s'en libérer. Elle en était tellement embarrassée qu'elle m'avait même demandé de laisser ouverte la porte de mon cabinet ! Une fois installée en face de moi, tranquillisée par la porte largement entrebâillée derrière elle, elle m'a fait part de sa détresse en détaillant plusieurs situations qui lui rendaient la vie compliquée. Il lui était impossible, par exemple, de faire de longs trajets en voiture, notamment sur l'autoroute où elle ne pouvait pas s'arrêter et sortir de son véhicule quand elle le voulait. Les transports souterrains tels que le métro, le train, voire le simple fait de passer sous un tunnel, déclenchaient une réaction de panique et la soumettaient immédiatement à un état d'angoisse élevé.

Après quelques minutes d'entretien, elle a commencé à lâcher prise, m'offrant la possibilité d'entrer en connexion avec les énergies présentes dans la vibration de son aura liées à l'origine de sa phobie. J'ai ressenti que le problème ne venait pas d'elle directement, mais d'un tiers. Pourtant, en regardant dans son passé, je n'ai rien vu d'alarmant. Alors, m'appuyant toujours sur les énergies, j'ai cherché dans ses mémoires intra-utérines. À partir de ce moment, mes visions, mes ressentis, mes peurs et mes angoisses ne me concernaient plus, « j'étais » uniquement ma consultante dans le ventre de sa mère. C'est là qu'une scène m'est apparue comme un flash : j'ai ressenti une femme coincée, en panique, dans un environnement étroit… Cette scène traumatisante provenait des visions et des émotions de sa mère enceinte. Ma patiente avait donc vécu, elle aussi, par transfert, cette puissante scène d'emprisonnement.

Pour y voir plus clair, je lui ai proposé de joindre sa mère par téléphone. Après quelques minutes de conversation puis de réflexion – le temps de remonter cinquante ans en arrière –, sa mère lui a raconté qu'elle était restée bloquée plusieurs heures dans l'ascenseur d'un hôtel lorsqu'elle était en vacances avec son mari. D'ailleurs, expliqua-t-elle à sa fille, elle n'avait découvert sa grossesse qu'à son retour en France, plusieurs semaines après ce voyage.

Ma cliente raccrocha et me regarda, dubitative : « Même si ma mère a bel et bien vécu cet incident pendant sa grossesse, pourquoi est-ce que je n'ai jamais eu aucun signe de claustrophobie avant mon adolescence ? » C'est vrai, ça. Pourquoi ?

Toujours guidé par ma clairempathie, j'ai émis l'hypothèse suivante : enfermée *in utero*, elle n'avait pas su distinguer ses émotions de celles de sa mère. Son fœtus avait donc cristallisé les émotions maternelles sous forme de mémoires cellulaires traumatiques : stockées à la manière d'un disque dur dans les cellules de son corps, devenant ainsi inconscientes. Elles n'attendaient qu'à être réactivées par un élément déclencheur réel… Et ce fut le cas quand, à l'âge de 14 ans, elle fut à son tour coincée dans les toilettes de son collège ! Cet événement marquant a suffi à réactiver les peurs et angoisses traumatiques intra-utérines.

Voilà bien la preuve qu'au stade embryonnaire, déjà, notre empathie est là ! Et c'est une faculté formidable, car elle nous permet véritablement de ressentir tout ce qui nous entoure : il suffit d'y prêter attention.

Restez à votre place

Nombreuses sont les mères qui, parce qu'elles s'inquiètent pour leurs enfants, ont tendance à avoir une clairempathie surdéveloppée. Cette clairempathie maternelle leur permet de ressentir et d'anticiper les émotions de leurs enfants, mais elles risquent de tomber dans l'engrenage du sauveur qui estime penser et savoir mieux ce qui est bon pour l'autre. Autant cette situation est salutaire lorsqu'il s'agit d'élever un jeune enfant, autant en grandissant, ce dernier aura besoin d'autonomie… Dans ces cas-là, la clairempathie peut devenir contre-productive, voire étouffante pour l'enfant ou l'adolescent qui a besoin de mener ses propres expériences pour grandir. Ce genre de schéma peut également avoir lieu dans toutes sortes de relations sociales : sentimentales, amicales, etc.

Un jeu de rôle pour démêler les conflits familiaux

Comment mettre en lumière les freins et les interactions en jeu dans les conflits familiaux ? C'est une question que nombre d'entre nous se posent presque quotidiennement… La réponse est pourtant simple : il faut développer sa clairempathie.

La méthode de la « constellation familiale », créée dans les années 1990 par Bert Hellinger, ancien prêtre allemand – qui s'est lui-même inspiré de la psychiatre allemande Thea Schönfelder et des travaux d'Éric Berne sur l'analyse transactionnelle et les scénarios de vie –, fonctionne comme une sorte de mise à jour de l'inconscient familial par le biais de jeux de rôles qui ont le pouvoir de rétablir l'ordre dysfonctionnel d'une famille ou d'un groupe de personnes et de résoudre les conflits ou les blocages personnels. Cette thérapie familiale qui s'intéresse notamment aux liens (inexistants, fusionnels ou distendus) et aux répétitions (de noms, d'actes ou de dates clés) que l'on retrouve parfois de génération en génération, est un véritable moteur de transformation puisque les individus concernés, en se positionnant différemment dans la structure collective et en endossant le rôle d'un autre qu'eux, vont en ressentir les émotions.

Si vous voulez en savoir plus sur cette méthode et la découvrir en images, je vous invite à regarder la série Netflix *Le Chemin de l'olivier* qui en donne une approche authentique et réjouissante.

Le jeu de rôle est l'une de mes expériences favorites lorsque je dois faire un choix rapide et simple en étant à l'écoute de mon cœur et de mon âme, mais que mon mental est trop embobiné, ce qui me fait douter ! Par exemple, je souhaite faire un dessert pour mes invités ce soir, et j'hésite entre un gâteau au chocolat et une tarte Tatin. Au lieu d'appeler chacun d'eux pour connaître leur préférence, je dois prendre une décision par moi-même.

Expérience n° 4

Le jeu de rôle

• Demandez à quelqu'un, que vous allez désigner comme le nommeur, de mettre trois objets par terre et de les identifier dans sa tête à mes desserts et avec toute son intention, ce qui chargera l'objet de l'intention. Par exemple, le coussin, c'est le gâteau au chocolat ; la couverture, c'est la Tatin ; la télécommande, c'est le troisième choix inconnu, comme un tiramisu, un flan ou un riz au lait.

• Face à mes objets, sachant que chacun représente l'un de mes deux desserts souhaités ou un autre, je me mets dans l'intention d'être le groupe de mes invités et commence par choisir celui qui m'appelle le plus.

• Je me rapproche du coussin (sans savoir que c'est la gâteau au chocolat) : je me sens bien, à l'aise, mais sans plus.

• Je m'approche ensuite de la couverture (la tarte) : je me sens fluide, léger et mon cœur s'ouvre devant cet objet.

• J'essaie enfin la télécommande (sans savoir de quel dessert il s'agit, ni même s'il s'agit d'un dessert) : mais là je ne ressens rien, simplement du désintéressement.

• Ça ne fait aucun doute, je choisis la couverture. Ensuite, mon nommeur m'annonce qu'elle représente la tarte Tatin. Je comprends donc que mes invités seront enthousiasmés par ce dessert ! Je ne perds plus une minute, direction la cuisine !

Une puissance secrète à distance

La clairempathie peut avoir une puissance insoupçonnée qui me permet de ressentir le passé, le présent, mais aussi le futur, sans aucune connaissance préalable. C'est une sorte d'intuition ultra-développée qui me donne la capacité de ressentir les émotions, les énergies et les mémoires d'une personne ou d'un lieu, quelle que soit la distance qui nous sépare.

La clairempathie peut revêtir une dimension plus spectaculaire. Je l'ai par exemple utilisée pour localiser une personne disparue et savoir si elle était vivante ou non. Il faut savoir que même si la vie continue après la mort, les défunts ne sont pas dans la même fréquence d'énergie que les vivants. Il est pour cela nécessaire d'être particulièrement à l'écoute de son empathie afin de déceler dans quelle vibration se trouve la personne.

C'est le cas de Nicolas, un jeune papa de 29 ans, qui n'avait plus de nouvelles de sa mère depuis l'âge de 8 ans. Malgré des années de recherches, il n'avait retrouvé aucune trace d'elle ; un médium devenait son unique et dernier espoir.

Il est arrivé ce matin-là avec la seule photo qu'il détenait de sa maman. Je me mis alors dans l'intention de la ressentir : ma clairempathie m'a permis de déceler rapidement qu'elle était dans la fréquence des vivants. C'était déjà une bonne nouvelle ! Bien sûr, il voulut savoir s'il m'était possible de lui apprendre où elle habitait ainsi que les raisons qui l'avaient poussée à partir. Mais je ne peux être aussi précis. La seule chose que j'ai pu ressentir était que sa maman se trouvait dans un pays chaud, probablement sur le continent africain, me semblait-il. Cela lui parut cohérent puisqu'en m'entendant il fit le lien avec l'unique piste qu'il avait : des billets d'avion pour l'Afrique. Concernant la raison de son départ, j'ai ressenti un élan très fort, beaucoup d'excitation et d'agitation d'ordre sentimental dans la décision de sa mère. Je lui ai donc suggéré que sa maman était partie par amour ; peut-être une relation qui n'aurait pas été comprise par son entourage et qui lui aurait fait choisir la fuite.

Avant de le laisser repartir avec ces quelques informations, je lui ai recommandé de poursuivre sa vie en tant que jeune papa, lui affirmant qu'un jour, il finirait par la retrouver.

Votre meilleure alliée relationnelle

Si ma clairempathie s'active nécessairement en présence d'un consultant dans mon cabinet, et plus largement dans mes relations professionnelles et amicales, vous aussi vous savez trouver les bons mots, la bonne intonation pour entrer en contact avec votre entourage. Et vous le faites de façon innée : si vous êtes avec de jeunes enfants, vous allez naturellement vous exprimer d'une voix plus douce qu'à l'accoutumée, plus calme et rassurante, et vous choisirez un vocabulaire adapté à leur âge.

En plus d'être une fidèle alliée dans mes relations quotidiennes, la clairempathie est un outil précieux qui me permet d'anticiper les émotions traversées par mon entourage, mais aussi d'aider mes clients mis en difficulté par une situation professionnelle, sentimentale ou médicale dont ils ignorent l'issue.

En voici un exemple frappant : j'ai reçu un jour Martin, la trentaine flamboyante, plutôt bel homme, venu me consulter pour que je l'aide à démêler sa situation amoureuse compliquée. Extrêmement attaché à sa femme, il était empêtré dans une double vie depuis plusieurs années, incapable de faire un choix.

Par clairempathie, j'ai ressenti immédiatement son état émotionnel et compris sans mal ce qui le faisait douter. Mais il m'a semblé pertinent de me concentrer d'abord sur le système émotionnel de son épouse.

Cette femme, à n'en pas douter, était loyale, un pilier pour sa famille. Elle connaissait très bien son mari et savait qu'il avait depuis longtemps une aventure extraconjugale. En rapportant cela à Martin, j'ajoutai que cela n'avait pas l'air de poser de problème à son épouse ; il me semblait, m'autorisai-je à lui dire, que sur le plan sexuel, elle devinait ne pas être en mesure de le satisfaire…

D'abord surpris par ma description, il me confirma la situation et me laissa continuer.

Je me fixai alors sur la dernière personne du triangle amoureux, et ressentis une énergie jeune et surtout masculine dont je lui fis part. Il me confia alors que sa problématique provenait non pas de son aventure mais de son orientation sexuelle : il craignait de blesser son épouse, qu'il admirait et respectait, en lui dévoilant son homosexualité.

Ce qui est intéressant dans ce cas, c'est qu'en plus de m'avoir immédiatement éclairé sur le présent de cet homme, ma clairempathie m'a permis de lui révéler une information essentielle à sa réflexion : en me projetant dans son futur, je ne ressentais plus aucune attirance hétérosexuelle le concernant, et pus donc rassurer Martin sur son intuition.

Ne négligez pas le pouvoir de l'émotion

Il faut savoir que dans les mondes invisibles, l'orientation sexuelle n'a aucune importance. Lorsque je me suis questionné sur ma propre orientation sexuelle, soucieux de savoir quelle influence la sexualité des uns et des autres pouvait avoir sur notre être, j'ai interrogé mes anges et mes guides. La réponse fut claire : la sexualité ne nous définit pas. Grâce à notre empathie, nous détenons tous de l'amour pour l'autre. Qu'il soit inconditionnel, passionnel ou charnel, peu importe : le sexe, le désir font partie de notre matière. C'est justement parce que nous sommes des êtres sensibles, récepteurs des émotions de ce qui nous entoure, que nous faisons des choix, que nous avons des avis différents et qui se modifient : sans cette sensibilité, pas d'évolution. Étant bâti dans des vibrations d'amour, l'Amour avec un grand A et sous toutes ses formes ne sera donc jamais rejeté. C'est plutôt réconfortant, non ?

Dans mon cabinet défilent des personnes de tous horizons, de tous âges, de toutes conditions sociales, de toutes religions et toutes orientations sexuelles : pour affiner sa clairempathie, il est évidemment indispensable d'accepter l'autre avec ses différences, sans le juger ni chercher à le changer. Accueillir sans jugement ni a priori est la clé pour s'ancrer dans des énergies d'amour : c'est l'unique moyen de ressentir l'invisible.

L'Homme, comme tous les êtres vivants terrestres, détient un corps physique doué d'une émotivité sensuelle extrêmement puissante qui le rend particulièrement réceptif à la tendresse, à la douceur verbale ou physique. Nous préférons tous un câlin à un coup de poing, un mot gentil à une insulte, l'amour à la colère ! Nous détenons donc tous en nous des vibrations d'amour et des ressentis émotionnels innés.

On a longtemps pensé qu'être à l'écoute de ses émotions était le signe d'une fragilité, d'une faiblesse. Mais la sensibilité n'est pas un défaut ! C'est au contraire ce qui nous permet d'être en relation avec le monde. Il est vital de pouvoir exprimer nos émotions, nos sensations et nos intuitions, pour développer nos compétences, notre créativité et… notre empathie. À plus juste titre dans un monde en perte de repères et en pleine mutation : notre sensibilité pourrait même devenir notre plus grande force collective.

La Terre, elle aussi, est vivante, et détient donc, à un niveau bien plus important que le nôtre, sa propre fréquence vibratoire. C'est cette dernière qui déclenche ce que nous appelons les « catastrophes naturelles » ; tremblements de terre, tsunamis, séismes, inondations, orages, cyclones et éruptions volcaniques sont bien la preuve de cette vie puissante et du changement qui s'opère. Vous voyez bien à quel point la Terre est elle aussi sensible et empathique, notamment à l'énergie de sa cousine la Lune, avec ses marées ou encore à la pousse agricole qui réagit directement à la vibration que la Lune émet vers la Terre.

Vivant sur cette planète, nous sommes donc tous influencés, sans forcément en être conscients, par l'augmentation de la fréquence énergétique et vibratoire émise par la Terre. Cette augmentation des vibrations terrestres influence nos propres vibrations : c'est la raison pour laquelle nous sommes parfois plus sensibles à nos émotions.

Écouter son cœur, la porte de l'intelligence émotionnelle

Les chakras sont des points de jonction invisibles et énergétiques qui font le lien entre le corps et l'esprit. Alignés le long de notre colonne vertébrale (ou ligne du Hara), du sacrum jusqu'au sommet du crâne, les sept principaux sont le chakra racine, base de notre ancrage ; le sacré, en charge de notre « appétit » sous toutes ses formes ; le plexus solaire, chakra de la confiance en soi ; le chakra du cœur, véritable cerveau émotionnel ; le chakra de la gorge, celui de la création ; le troisième œil, celui de notre imagination, situé entre nos deux yeux ; et le chakra couronne, en lien avec l'univers.

La médecine ayurvédique notamment, une médecine traditionnelle indienne ancestrale qui prend en compte l'être dans sa globalité, s'appuie beaucoup sur la puissance des chakras et l'importance de leur équilibre : pour être en bonne santé, le corps, l'âme et l'esprit doivent être maintenus en harmonie. Une philosophie également largement reprise dans la pratique du yoga.

Le chakra du cœur, au milieu de la poitrine, joue un rôle particulier dans notre système énergétique parce qu'il conditionne une partie de nos émotions : c'est lui qui décrypte nos ressentis et qui est responsable de notre bienveillance, de notre empathie. Bref, de notre aptitude à aimer et à être aimé.

Les femmes ont la réputation de détenir certains ressentis intuitifs supérieurs aux hommes, car elles sont bien plus attentives à leurs émotions, à ce que leur dicte leur cœur. Mais l'homme détient aussi ces mêmes aptitudes, malheureusement mises de côté par conformisme, pour répondre aux normes imposées à la gent masculine. Contrairement à la femme, il a été contraint, durant des siècles, de refouler ses émotions afin de se montrer dur et fort pour affronter et défendre des idées, un territoire : que faire d'un soldat à l'écoute de son cœur sur un champ de bataille et qui serait donc plus susceptible de désobéir ?

Il est grand temps que ces hommes apprennent que la voix du cœur est la clé pour ouvrir leur clairempahie. Nous rêvons tous d'un monde où la paix réside : commençons alors par ouvrir notre cœur.

Pour acquérir la faculté clairempathique, il faut discerner avant tout ce qui relève de ses émotions personnelles et de celles du sujet ressenti. Vous êtes stressé, triste ou en colère parce que vous vous laissez happer par les émotions des autres ? Apprenez à identifier vos propres énergies en sortant de votre encombrement mental personnel (autrement appelé « état cérébral bêta », que nous possédons de façon innée), afin de vous placer dans un état de conscience supérieur qui vous permettra d'atteindre une autre fréquence vibratoire.

Ainsi libéré de vos soucis quotidiens et de votre ego, vous pourrez ouvrir votre conscience afin de laisser place à vos ressentis. Certains enfants sont naturellement dans cet état-là, ceux dont on répète qu'ils sont « dans la lune » ou « dans leur monde » : ils sont le plus souvent simplement dans un autre état de fréquence beaucoup moins prise de tête.

L'ouverture du cœur pour décupler vos sensations et ressentis

Pour entraîner et développer votre clairempathie, je vous invite à porter votre attention sur la façon dont vous vous sentez, puis d'imaginer que vous vous mettez à la place de l'autre, qu'il soit tout près de vous ou très loin. Tout cela, bien sûr, sans rien analyser et sans inclure aucun jugement personnel – sinon le ressenti est immédiatement faussé. Une fois cette première étape effectuée, ressentez ce qui se passe comme si vous étiez cette personne et faites-vous confiance.

Attention, il est essentiel d'affirmer clairement votre intention de redevenir vous-même une fois l'exercice réalisé. Sinon, vous risquez de devenir des éponges imitatrices et de perdre votre personnalité, la clairempathie pouvant vous éloigner de votre moi profond…

Expérience n° 5

- Commencez par suivre chacune des étapes de « l'expérience d'ancrage à la Terre pour être dans l'instant présent » (page 35) afin de vous recentrer.
- Une fois que vous vous sentez vraiment présent, à l'écoute de vos ressentis, les yeux fermés, laissez la partie inférieure de votre corps (des pieds au nombril) se connecter à la Terre. Portez votre attention sur la partie supérieure (du nombril à la tête) et imaginez que vous vous étirez vers le ciel. Restez ainsi trois ou quatre minutes, afin de prendre conscience de votre ouverture à l'Univers.
- Ouvrez les yeux et dites à haute voix : « Je suis un être doué et puissant qui ressent tout. » Répétez-le plusieurs fois si vous en ressentez le besoin.
- Refermez les yeux et concentrez-vous pour imaginer que votre aura rayonne jusqu'au sujet souhaité pour le ressentir. Les premières fois, ce n'est pas évident, mais avec la pratique, vous parviendrez à le faire sans attente particulière, sans jugement. Accueillez simplement vos émotions avec le cœur et laissez-les vous

guider sans tenter de rationaliser ce que vous vivez.
• Une fois l'exercice réalisé, n'oubliez pas d'affirmer à haute voix : « Je redeviens moi [votre prénom] », afin de couper le lien clairempathique.

Ce travail peut vous permettre de ressentir sans limites un lieu, un végétal, un animal ou une personne vivante ou morte : en renouvelant cet exercice, vous prendrez conscience que nous sommes tous connectés les uns aux autres, quelle que soit la distance qui nous sépare.

Certains sont déjà conscients de leurs capacités lorsqu'ils affirment avec certitude, sans en avoir la preuve physique, l'état émotionnel d'une personne : « Ma fille est à plusieurs centaines de kilomètres, mais je la sens heureuse. » « Je sens que dans le travail de mon mari ça ne se passe pas bien. » « Je sens que je suis appelé à me rendre ailleurs. » « Je sens que mon fils n'est pas heureux dans cette voie professionnelle. » « Ma mère est décédée, mais je sens qu'elle est heureuse de l'autre côté. » Ces ressentis, inexplicables rationnellement, témoignent de la puissance de la clairempathie : nous ressentons tous, à distance, les émotions de l'autre sans pour autant l'avoir consulté ni échangé avec lui.

Ne vous mettez pas la pression : nous avons tous des capacités extrasensorielles de niveaux différents et qui nous sont propres. Il n'y a pas d'humain meilleur ou moins bon, il n'y a que des humains merveilleux dotés de capacités extraordinaires.

Chemin 3

Lire dans les pensées, c'est possible !

La télépathie, autrement appelée « transmission de pensée », est une communication invisible, d'une personne à une autre, sans interaction d'aucune voie sensorielle connue (la voix, l'ouïe, l'odorat, le toucher ou le goût). Du grec *têle* qui signifie « au loin », et *pathie*, diminutif de « *páthos* », qui est le sentiment que l'on éprouve, la télépathie est donc une faculté extrasensorielle qui permet d'émettre et de recevoir, sans limites de distance, des images, des pensées, des intentions, des sons et des ressentis à travers notre esprit.

Dans les chapitres précédents sur les vibrations de l'aura et la clairempathie, nous avons découvert que nous possédons tous des énergies qui nous connectent les uns aux autres. Je vous propose ici d'aller plus loin encore dans la compréhension et le développement de ces énergies : le développement d'une autre forme de communication avec autrui, qu'il s'agisse d'un humain, vivant ou décédé, d'un animal, d'une plante ou de tout autre être de votre choix.

Développez vos talents artistiques pour ouvrir votre troisième œil

Pour commencer, je voudrais attirer votre attention sur un point important : la télépathie est une faculté que nous possédons tous. Avant de devenir des hommes et des femmes adaptés aux normes sociales, des adultes ayant comme principaux moyens les communications verbale et écrite, nous détenions, enfants, sans le savoir et de façon innée, le langage télépathique. Cette forme de communication à distance qui donne la parole au subconscient de l'enfant, dont a notamment parlé Freud (qu'il qualifie de « transmission psychique directe[1] ») et qui fait régulièrement l'objet d'études[2], est un

1. Sigmund Freud, *L'Inquiétante Étrangeté et autres essais*, Gallimard, 1985.

2. Plusieurs d'entre elles ont été publiées dans la revue *American Psychology* en janvier 2018.

langage universel de l'ordre du ressenti et non du mental. C'est une communication qui se fait d'âme à âme et qui nécessite de se placer dans un état de fréquence vibratoire alpha en étant pleinement dans l'instant présent, pour ne pas encombrer son mental.

Les bébés et les jeunes enfants se connectent naturellement à ces fréquences. Pourquoi ? Parce qu'ils sont constamment en phase d'apprentissage, ce qui les amène à faire appel à leur créativité et à leur intuition. En tant qu'adultes, nous avons donc tous cette capacité en nous… mais nous avons oublié comment y accéder.

Vous le savez sûrement, notre cerveau se découpe en deux hémisphères : l'hémisphère gauche, celui du mental, nous permet d'apprendre et de mémoriser un nom, une leçon, une situation, un contexte, etc. Grâce à lui, nous détenons une mémoire plus ou moins développée et des connaissances aiguisées sur certains sujets.

L'hémisphère droit, quant à lui, est consacré à la créativité. Il nous sert à imaginer, à créer, à utiliser notre intuition, etc. Il nous invite à nous évader du quotidien et à ouvrir nos facultés spirituelles. Les artistes, notamment, comme les peintres, les photographes, les danseurs, les chorégraphes, les chefs d'orchestre ou les médiums, bénéficient d'un hémisphère droit particulièrement développé. Cet hémisphère est relié à notre glande pinéale (ou épiphyse), une petite glande endocrine de la forme d'une pomme de pin, située au centre de notre cerveau, au niveau de nos yeux. Dans l'Égypte ancienne, considérée comme une porte de notre corps capable de réunir les différentes dimensions, cette glande était souvent représentée par l'œil d'Orus.

Nous possédons tous cette glande magique qui ne demande qu'à être réactivée ! Pour cela, il est d'abord recommandé de limiter les fluorures (composés chimiques du fluor que l'on trouve notamment dans l'eau potable, le thé ou les produits d'hygiène dentaire) qui s'accumulent dans l'épiphyse plus que dans toute autre glande de notre corps. Ensuite, il est indispensable de développer les pratiques artistiques et créatives, qui stimulent naturellement notre hémisphère droit, donc notre glande pinéale. Si les artistes détiennent une grande sensibilité, s'ils sont à l'écoute de leur état émotionnel, c'est qu'ils sont guidés par leurs émotions dans leurs créations.

Les jumeaux, un couple connecté ?

On dit souvent que les jumeaux détiennent la capacité de communiquer entre eux par télépathie.

Ayant moi-même un frère jumeau monozygote[1], je peux en attester : nous pouvons nous comprendre sans parler. Disons que les jumeaux, en raison de leur génétique, de leur éducation et de leur rythme de vie souvent similaires, détiennent une fréquence cérébrale identique qui leur permet d'être connectés. Ma mère a toujours affirmé que lorsque nous étions enfants, avant de nous exprimer correctement et d'être compris, nous avions un langage infantile proche de la télépathie, plus développé encore que la plupart des enfants issus d'une fratrie « classique ». Il est vrai qu'en nous interrogeant sur le sujet, mon frère et moi avons la sensation de nous être toujours parlé, du plus loin que l'on s'en souvienne.

Je me rappelle qu'il m'était impossible de m'asseoir près de lui pendant nos devoirs, parce que je l'entendais réfléchir et se prendre la tête sur un énoncé qu'il ne comprenait pas ! Comme nous étions connectés sur les mêmes fréquences, si l'un de nous gambergeait, ça déclenchait chez l'autre un blocage souvent identique.

---

1. Dans le cas des monozygotes – souvent appelés « vrais jumeaux » –, un seul spermatozoïde rencontre un seul ovule pour former un œuf unique. Les jumeaux dizygotes, ou « faux jumeaux », grandissent dans deux œufs dès le départ.

Il n'y a pas si longtemps, mon frère m'a même envoyé un message au milieu de la nuit qui disait : « Arrête de te prendre la tête sur tes *dramas* sentimentaux, ça m'empêche de dormir. » Tout ça alors que nous étions à huit cents kilomètres l'un de l'autre et que je ne lui avais rien révélé de mes préoccupations.

Nous détenons un lien télépathique si puissant qu'il nous est même impossible de nous mentir. Adolescents, nous avons grandi dans des univers amicaux et sociaux distincts, et avons fait chacun nos propres expériences. Pourtant, si l'un de nous mentait à l'autre, une dispute éclatait car nous percevions inévitablement, dans notre lien de fréquence cérébrale, l'existence d'une imposture. Depuis, chacun respecte l'intimité de l'autre sans l'interroger sur sa vie privée et en limitant la connexion qui nous lie.

Ce lien de télépathie n'est pas réservé aux jumeaux, bien au contraire. Quiconque détient une relation étroite avec son conjoint, un amant, une amie ou une sœur peut ressentir et développer son lien télépathique. En pleine conversation avec une personne qui vous est proche, il vous est sûrement déjà arrivé de penser – ou de dire – la même chose au même moment ? Certains préfèrent appeler ce phénomène des « connexions », pourtant il s'agit bel et bien de télépathie ! Et comme toutes nos facultés psychiques, celle-ci est à la portée de tout le monde.

Lâchez votre mental pour communiquer autrement

Puisque les enfants communiquent par télépathie, il nous suffit alors de laisser s'exprimer l'enfant intérieur qui demeure en chacun de nous mais qui a tendance à s'effacer derrière notre identité d'adulte… Vous savez, cette facette de nous qui réclame de l'affection, qui est capable de s'émerveiller d'un rien ou qui nous fait rire aux éclats et parfois réagir de façon primaire.

Lorsque vous essayez de comprendre un enfant qui vous raconte une histoire, souvent, il faut deviner ce qu'il exprime par ses mots maladroits et vous mettez donc de côté le mental pour aller puiser dans un autre type de langage. Eh bien faites pareil pour retrouver le langage universel, symbolique et imaginaire qui compose la télépathie. Oubliez la réflexion et l'analyse intellectuelle pour explorer exclusivement vos ressentis, par le biais d'images et d'émotions.

N'avez-vous jamais eu l'impression que votre enfant, votre neveu, votre nièce ou le bébé que vous gardiez vous parlait à travers ses cris ? N'avez-vous jamais été convaincu, sans comprendre pourquoi, qu'il ou elle réclamait son biberon ou un hochet ? Ces intuitions, qui sont en fait des connexions télépathiques minimales, se révèlent souvent justes.

Je me souviens d'une visite chez mon amie Noémie, maman d'un petit garçon de trois mois à l'époque, au cours de laquelle éclata une crise au moment de mettre le petit dans son lit. Il pleurait à chaudes larmes, se tordait dans les bras de sa mère, et aucune parole, aucune étreinte ne semblait l'apaiser. Noémie, soucieuse, me demanda si j'étais en mesure de comprendre ce qu'il avait, pourquoi il se mettait dans un tel état. À peine positionné dans la fréquence cérébrale de l'enfant, je perçus son père : cet enfant avait simplement besoin de la présence de son papa pour s'endormir. Les parents venaient de se séparer, alors je proposai à Noémie de retrouver un tee-shirt de son ex-compagnon, dont l'odeur pourrait calmer son bébé. Mais aucun vêtement ne traînait plus dans les parages… Alors je pris l'initiative de bercer l'enfant dans mes bras afin que mon énergie masculine remplace celle du papa absent. Rapidement calmé, il me fixait pourtant avec inquiétude et je compris qu'il se demandait qui j'étais. Tout en maintenant mon regard fixé dans le sien, je lui transmis un message de douceur et de sécurité par l'énergie de mon aura que j'ai voulu rendre la plus douce et rassurante possible, comme pour lui dire : « Je suis l'ami de ta maman ; mon intention est de t'envoyer un maximum d'amour afin que tu puisses rejoindre le monde des rêves et laisser ta maman se confier à mon écoute attentive. » Hypnotisé peu à peu par ma communication et mon énergie rassurantes, l'enfant s'endormit finalement en toute sérénité.

Communiquez avec vos animaux préférés

La télépathie n'est pas seulement l'apanage des humains, elle fonctionne avec tous les êtres vivants et notamment les animaux. Si vous me suivez sur Instagram, vous avez sûrement aperçu Hermès, mon chat ; il prend un malin plaisir à se montrer dès que je poste un message !

Hermès est un adepte de la communication télépathique – mon chat, pas le messager des dieux, bien sûr... Vous noterez au passage que son nom a été soigneusement choisi ! L'ayant habitué très jeune à ce moyen de communication, nous avons créé un lien profond. Lorsque je m'absente pour des raisons professionnelles, je le confie à ma grand-mère, et au moment de quitter mon domicile, je lui fais comprendre par télépathie que je dois m'absenter en lui transmettant des images de moi d'abord dans le lieu où je vais, puis de moi dans le futur, de retour auprès de lui, pour qu'il comprenne que je vais revenir. Son attention et l'intensité de son regard me confirment que je peux partir tranquille.

Enfant, la télépathie ne m'a pas toujours aidé. Elle m'a même valu quelques remontrances. Ce fut le cas par exemple avec les perruches de ma grand-mère qui vivaient dans une grande cage sur son balcon ; elle leur vouait une véritable passion et en prenait grand soin. Lors d'une après-midi passée chez elle, je sentis que les oiseaux m'appelaient et me suppliaient de les libérer. N'écoutant que mon cœur et mon intuition enfantine, j'ai donc ouvert la cage, pour leur rendre leur liberté… Ils se sont bien sûr envolés instantanément. Nul besoin de vous dire que j'ai dû faire face aux cris de désespoir de ma grand-mère, largement soutenue par l'ensemble de ma famille… Ce qu'ils ne savaient pas, c'est que mon geste venait du cœur ; je n'avais fait que répondre à la demande de ces oiseaux qui souffraient de vivre enfermés. Cela n'a pas semblé convaincre ma grand-mère, cela dit…

Rappelez-vous toujours, en regardant votre chat, votre chien, un oiseau ou votre bébé, que les yeux sont le miroir de l'âme et qu'un regard vaut mille mots.

Transmission de pensée à distance

Lorsque vous recevez un appel de votre cousine à laquelle vous avez pensé quelques heures plus tôt, ou d'un ami qui vient de déménager et que vous vouliez justement appeler, certains parlent de synchronicité, mais il s'agit le plus souvent de télépathie. Contrairement à celle qui se manifeste dans une conversation entre deux personnes en présence, c'est une télépathie différée, dont la réception des messages se fait souvent de manière décalée.

Je me souviens d'avoir ressenti un jour que l'un de mes clients, domicilié à plusieurs kilomètres de mon cabinet, était en train de penser à moi. Aussitôt, je lui ai envoyé télépathiquement un message pour lui signifier que s'il avait besoin de moi, il n'hésite pas à me contacter. Deux jours plus tard, il me laissait un message vocal me demandant une séance : il avait donc bien reçu l'information.

L'inverse est également possible. Parfois focalisé sur un sujet précis ou un consultant, je ne suis pas disponible pour prendre en compte tous les messages télépathiques qui me sont transmis ; alors je les reçois plus tard.

Il y a quelques jours, alors que je me détendais sous une douche chaude après une longue journée de consultations, une pensée pour une amie m'a traversé l'esprit. Je me fis la réflexion qu'il fallait que je lui passe un coup de fil en sortant de la douche, mais occupé par mes nombreuses activités, j'ai zappé et repris le cours de ma soirée. Quelques heures plus tard, au volant de ma voiture, une nouvelle pensée pour mon amie s'est à nouveau manifestée. Mais rebelote, en descendant de voiture, j'ai oublié de l'appeler. Quand je l'ai finalement eue au téléphone quelques jours plus tard, elle m'a confié qu'elle avait beaucoup pensé à moi en début de semaine, c'est-à-dire au moment où j'avais reçu ses pensées télépathiques. Trop occupé par mon mental – comme on nous a si bien conditionnés à le faire, malheureusement –, ces messages ne m'étaient transmis que lorsque j'étais en mode « pause ».

Notre quotidien est donc émaillé d'épisodes de télépathie. Vous les preniez jusqu'ici sûrement pour des coïncidences, mais ce ne sont que des preuves de votre superpouvoir de télépathe. Prêtez-y attention, désormais, et essayez de le développer. Pour accroître votre télépathie, je vous recommande la méditation : elle vous permettra d'apprendre à neutraliser votre mental afin d'être suffisamment disponible pour affiner vos ressentis spirituels.

Apprendre à méditer en cinq étapes

Pratiquer la méditation a plusieurs vertus : elle permet une meilleure gestion de votre temps, elle vous aide à vous recentrer sur l'essentiel et ainsi à trouver des réponses intelligentes à la place de réactions émotionnelles souvent inappropriées. La plus grande difficulté est de vous autoriser à faire une pause, à stopper votre routine, mais avec un peu d'entraînement, vous ne verrez que des bénéfices à cette nouvelle pratique et ne pourrez plus vous en passer.

Si vous n'avez jamais pratiqué la méditation, un seul conseil : concentrez-vous sur votre respiration pour ne pas vous laisser envahir par le mental et la dispersion de vos pensées.

Experience n° 6

• Placez-vous en position assise et confortable dans laquelle vous pourrez rester immobile durant toute la séance. Si vous choisissez de vous asseoir par terre, en tailleur, un coussin ferme peut vous aider à rehausser votre colonne vertébrale. Vous pouvez vous asseoir sur une chaise, l'important étant d'avoir le dos droit et les épaules relâchées pour éviter toute tension musculaire. Rester assis sans bouger, concentré sur la posture et la respiration, a pour but de se recentrer sur l'esprit.

- Fermez les yeux, placez les mains sur vos cuisses, détendues, ouvertes et dirigées vers le ciel pour mieux vous relier à l'invisible, puis concentrez-vous sur votre respiration (par le nez dans la mesure du possible, pour filtrer les impuretés de l'air et pour irriguer votre cerveau au maximum). Lorsqu'elle se fait naturellement par le ventre, prenez conscience de vos pensées, de vos sentiments, simplement en les observant, sans les juger.
- Laissez passer les idées en vous connectant toujours à votre respiration, que vous faites ralentir en allongeant les inspirations et les expirations.
- Après quelques minutes (commencez par de courtes séances de cinq minutes qui augmenteront petit à petit selon votre pratique), essayez de ressentir les changements dans votre humeur et votre façon de voir les choses.
- Puis reprenez plusieurs grandes respirations, rouvrez les yeux, mobilisez votre corps peu à peu et étirez-vous.

À force de pratique, vous allez ressentir un état naturel de bien-être et de lâcher-prise ancré en vous.

Laissez toujours votre cœur vous guider

La télépathie, comme l'intuition, est la voie – la voix ? – du cœur, de l'âme et surtout de la logique : pas besoin de réfléchir pendant deux heures, la première idée qui vous vient à l'esprit est la bonne ! Si vous laissez trop de place au mental ou à l'ego, ceux-ci peuvent rapidement vous faire comprendre le message de travers.

Lorsque nous parlons, nous émettons une intention qui détient un message et une énergie perceptibles par notre interlocuteur, même si vous ne parlez pas la même langue : sans comprendre ce qui est dit grâce au vocabulaire, il devine ce qui est exprimé.

Ces exemples de « télépathie du cœur », comme on pourrait la nommer, foisonnent, et je ne me lasse pas de constater combien l'amour, l'attention et la bienveillance sont des forces supérieures et des vertus à cultiver.

Cela me rappelle une consultante, qui est arrivée un jour au cabinet, complètement déboussolée : son mari avait été sauvé par les pompiers à la suite d'une crise cardiaque quelques jours plus tôt, mais il était plongé dans un coma profond. De l'avis des médecins, il avait peu de chances de s'en sortir ; ils ne pourraient le maintenir dans cet état bien longtemps. Pour Jeanne, il était impensable perdre son mari. En plein doute, elle venait me voir pour obtenir une réponse quant à l'amélioration potentielle de la santé de son bien-aimé. Par télépathie, je suis entré en contact avec lui, bien qu'il soit inconscient physiquement. Ce dernier me fit ressentir qu'il était heureux, détendu, dans son sommeil profond. Fort de cette information, je lui ai néanmoins fait savoir que sa femme et ses enfants avaient encore besoin de lui et qu'il serait temps qu'il se réveille. « Dis-leur que j'arrive », m'a-t-il affirmé. J'ai transmis l'information à Jeanne, lui indiquant qu'en effet son mari avait besoin de ce confort que lui offrait le coma, qui lui permettait de baigner dans des vibrations plus hautes, réparatrices pour son âme. Mais j'étais confiant et l'invitai à garder espoir.

Le soir même, les premiers signes de son réveil se manifestèrent. Il est aujourd'hui totalement remis.

Expérimentez vos télépathies

Pour transmettre des mots, des images ou des émotions à un ami ou une personne de votre famille, à votre maison, à votre chat ou même à votre plante préférée, il faut commencer par neutraliser votre mental, vous déconnecter des bruits alentour et de vos tracas quotidiens en vous aidant de « l'expérience d'ancrage à la Terre pour être dans l'instant présent » (page 35).

Expérience n° 7

• Une fois recentré et détendu, vous allez pouvoir vous concentrer uniquement sur vos ressentis, c'est-à-dire porter votre attention sur votre cœur : c'est de là que tout part quand vous vous apprêtez à émettre ou à recevoir un message télépathique.
• Visualisez le destinataire et imaginez que vous vous connectez à cette personne en prenant soin de vous voir proche d'elle, même si elle est loin de vous, et même si elle n'est plus de ce monde.
• Pour mieux entrer en connexion, imaginez que vous chuchotez à l'oreille de votre destinataire en lui délivrant votre message dans une énergie d'amour et de bienveillance.
• Puisque c'est avec le cœur que vous allez vous exprimer, placez votre attention sur vos émotions et formez votre message en le

ressentant au plus profond de vous. Si ce sont des mots que vous souhaitez transmettre, répétez-les dans votre tête ; si ce sont des images, laissez-les défiler dans votre esprit.
- Imaginez le destinataire recevant votre message, l'émotion qui le parcourt. Et le tour est joué ! Votre message est transmis, faites confiance à votre intuition.
- N'oubliez pas de vous déconnecter une fois le message télépathique passé, pour que chacun retrouve sa liberté et ses propres énergies.

N'hésitez pas à recommencer l'exercice, il faut parfois plusieurs essais avant de sentir pleinement cette connexion à l'autre. Surtout, faites confiance aux êtres de lumière. Ce sont vos guides, vos protecteurs : eux sauront transmettre votre message au bon moment. Et comme nous sommes tous des télépathes, vous finirez par y parvenir.

Chemin 4

Activez la clairvoyance

Vous connaissez sûrement l'expression « ne pas voir plus loin que le bout de son nez », que l'on utilise pour reprocher à quelqu'un de ne pas être suffisamment prévoyant ou de manquer de discernement. Et si je vous proposais l'inverse : de voir encore plus loin ? Dans le présent, le passé ou le futur, de voir l'histoire d'un objet, à l'intérieur de la matière, comme par transparence, par exemple ? Ça paraît dingue, n'est-ce pas ? Pourtant, c'est toute la puissance que révèle la clairvoyance, qui permet d'aller au-delà de notre acuité visuelle physique.

Clé de voûte des pratiques médiumniques et art divinatoire par excellence, la clairvoyance est très différente de l'image d'Épinal qu'on voudrait bien lui attribuer. Loin des visions d'une Madame

Irma calfeutrée dans sa roulotte promettant contre quelques pièces à ses clientes l'amour inconditionnel d'un beau prince charmant, la clairvoyance est une faculté essentielle chez les médiums parce qu'elle permet de percevoir une image de ce que l'on ressent ou entend lorsqu'on communique par télépathie. Elle a aussi des conséquences sur l'activité du médium qui en fait usage, car elle rassure (ou pas) le public en donnant une preuve tangible facile à confirmer : si la description que je fais de votre futur amoureux correspond en tout point à son apparence au moment de votre rencontre, ma légitimité de voyant en découlera automatiquement.

Laissez-moi vous expliquer pourquoi la clairvoyance détient ce nom « d'art divinatoire » et comment sa pratique a évolué au cours des siècles jusqu'à l'usage de la fameuse boule de cristal.

Miroir, mon beau miroir…

Symbole de pureté depuis la nuit des temps, l'eau est une part essentielle de nombreux rituels religieux et spirituels. De fait, la divination par l'intermédiaire de l'eau (aussi appelée « hydromancie ») est une méthode très ancienne qui fut longtemps utilisée pour communiquer avec les dieux. L'eau calme de certaines rivières, de lacs ou de fontaines a ainsi constitué un support de voyance pendant des millénaires dans de nombreuses régions du globe jusqu'au Moyen Âge, où celle-ci a tout à coup perdu ses lettres de noblesse en devenant une voie royale de propagation des maladies... Comme beaucoup d'objets divinatoires, l'eau est donc devenue effrayante, remplacée par les miroirs par les clairvoyants, avant d'être à leur tour remplacés par la fameuse boule de cristal...

Mais les outils de divination ne s'arrêtent pas là : une large panoplie de supports ont existé afin de pallier l'illettrisme de certains clairvoyants. Les lectures divinatoires se faisaient ainsi dans le marc de café ou de vin, quand ce n'était pas par le biais d'un jeu de cartes – la cartomancie – ou d'oracles représentant toutes sortes d'images qui servaient de guides au voyant jusqu'à ce qu'il ait un flash. D'autres pratiques anciennes, nettement moins connues, ont aujourd'hui disparu, comme l'anthropomancie – l'art de lire dans les entrailles de l'homme –, qui permettait aux médecins voyants de pratiquer des autopsies rapides.

D'autres supports encore, liés à l'art divinatoire, relèvent davantage de la science. C'est le cas de l'astrologie qui, par l'étude des astres, des planètes et de leur influence, définit notre signe astrologique dont découlent certains traits de notre personnalité. C'est le cas aussi de la tarologie, qui utilise les cartes comme le tarot de Marseille, et de la chirologie, qui étudie les lignes, courbes et plis de la peau, pour réfléchir sur nous-mêmes, éclairer l'avenir et dévoiler de grands secrets. La numérologie, enfin, ou l'art d'interpréter les chiffres qui influent sur notre vie, détient même son propre « alphabet numérologique » en mesure de traduire en chiffres, selon une signification spécifique, notre personnalité, et d'apporter des éclairages sur notre avenir.

Bien que tous ces supports légitiment le médium ou le clairvoyant, sa crédibilité professionnelle ne cesse d'être remise en question dans notre société. En effet, la clairvoyance est particulièrement complexe car elle peut rapidement être compromise lorsqu'elle concerne l'avenir, puisque nous détenons tous un libre arbitre qui nous pousse à agir et à reprendre le pouvoir sur notre vie – ce qui peut fortement changer le cours des choses. C'est la raison pour laquelle vous pouvez facilement être déçu par des médiums ou des voyants.

Les règles fondamentales de la clairvoyance

Pour commencer, le clairvoyant doit savoir poser les bonnes questions à ses guides afin d'obtenir les informations tout droit venues de la bibliothèque akashique. Aussi appelée « annales » ou « archives akashiques », il s'agit d'une sorte de disque dur qui centralise l'ensemble des données contenues dans l'Univers : toutes les questions que vous vous posez trouvent leurs réponses au cœur de ce logiciel ! Et c'est très utile d'aller les y trouver – par l'intermédiaire de vos guides – parce qu'ainsi, votre mental n'interfère pas dans les conseils et les informations que vous recherchez : vos angoisses, vos doutes ou vos a priori n'ont pas leur place dans cet espace magique.

Prenons l'exemple de Bertrand, qui vient me demander s'il sera choisi pour ce nouveau job auquel il a postulé et qui devrait commencer la semaine prochaine.

Si je pose la question dans l'énergie d'aujourd'hui, le patron est d'avis de le prendre. Mais lorsque je pose la question pour la semaine prochaine, je vois quelqu'un d'autre à la place de Bertrand… Que soulève cette différence de réponse clairvoyante ? Eh bien, si le patron est d'accord aujourd'hui, l'avenir étant en perpétuel mouvement, il se peut que cet homme soit contacté le surlendemain par une autre personne intéressée par le poste, et que Bertrand ne soit plus son favori. C'est vrai, mais comme nous savons désormais que nous sommes guidés par des êtres de lumière, nous partirons du principe que ce poste n'était tout simplement pas pour Bertrand !

Le clairvoyant doit être focalisé sur ses visions et non se laisser influencer par les envies ou besoins de son client. Et lorsque le flash arrive, il doit veiller à le prendre au sérieux sans se laisser distraire par son mental. Si je me trouve, par exemple, face à une femme au look classique, d'un tempérament calme et doux, qui me demande « Comment sera mon futur amoureux ? », si le flash qui me vient est un homme tatoué au style gangster, il me sera facile de préférer le dévier si je n'ai pas suffisamment confiance en moi. Pourtant, j'en ai eu maintes fois la preuve : il faut faire confiance au premier flash plutôt que de se laisser influencer par son mental qui dit : « Non ! Impossible, ça ne lui correspond pas. » En ce qui me concerne, il m'est d'ailleurs compliqué de faire appel à la clairvoyance lorsqu'il s'agit de mes proches : tout médium que je suis, je reste un être humain avec des idées préconçues sur mes amis et ma famille… Ma raison a parfois vite fait de m'influencer !

« Est-ce que je vais l'avoir, ce job ? »

Le célèbre occultiste autrichien Rudolf Steiner distingue deux types de clairvoyance[1]. La première, dite « de ventre », uniquement axée sur le monde matériel, répond à des questions d'ordre pratique : « Vais-je avoir mon permis de conduire avant l'été ? » « Vais-je déménager ? », etc. La clairvoyance « de tête » comporte quant à elle une démarche spirituelle et aide les consultants à trouver le bon chemin lorsqu'ils doutent. Aucune n'est meilleure que l'autre, elles répondent simplement à des besoins différents.

Lorsque des hommes ou des femmes – souvent en grand stress – me consultent pour une clairvoyance de ventre, avec des inquiétudes purement liées à un besoin matériel, leur but est généralement de devenir plus avertis. Même si je réponds à leur demande, je suis convaincu qu'une réponse globale et équilibrée, contenant une part de spiritualité, est toujours plus profitable. Selon moi, le médium détient un réel pouvoir d'élévation spirituelle sur autrui, son but n'étant pas de renforcer l'ego de son client, mais de le mettre sur un chemin d'amour qui l'enrichira moralement et spirituellement, afin

1. *Les Deux Voies de la clairvoyance*, Éditions Triades, 1998.

qu'il se place dans une énergie bienveillante et respectueuse envers lui-même, ses proches et la Terre dans son ensemble. Je suis convaincu que si tous les humains intégraient ce postulat de sérénité, d'amour, de tolérance et d'acceptation, ce monde de paix auquel nous aspirons arriverait à grands pas.

Tout clairvoyant doit être en mesure de prendre conscience que cette capacité de voir au-delà de la matière est un sacré cadeau.

Un homme politique européen entra un jour dans mon cabinet suivi de près par deux traducteurs à l'allure de gardes du corps : pour parer à tout risque d'espionnage, on m'indiqua qu'aucun téléphone ne pouvait rester dans mon bureau et que la salle d'attente devait demeurer vide pendant la durée de l'entretien. Des dispositions à la mesure de l'enjeu, puisque l'intention de cet homme était claire : remporter des élections.

Avant de procéder à une voyance de ventre pour savoir s'il était en mesure de l'emporter, j'ai pris le temps de me « brancher » à la vibration de son aura pour m'assurer que ce politicien, dans sa mission spirituelle et sur son plan d'incarnation, était une « bonne » personne. Non seulement pour lui, mais surtout pour les autres et pour la Terre. Pas question d'aiguiller cet homme si son but était préjudiciable... Par chance, mes guides de lumière m'ont donné une réponse positive quant à ses intentions, me laissant livrer à l'intéressé les informations dont il avait besoin pour poursuivre sa trajectoire.

Par clairempathie, en canalisant les énergies actuelles et futures de mon client, je procédai donc au ressenti, l'un après l'autre, de chacun des membres de son groupe afin d'en connaître les intentions, et de découvrir, par le biais de ma clairvoyance, les différentes scènes et actions auxquelles il devrait se préparer durant son mandat.

Conseiller un homme politique est une lourde responsabilité pour un médium : l'influence que vous avez sur lui aura des répercussions sur des milliers, voire des millions de personnes. Dans ce genre de cas, plutôt que d'élucider le futur afin d'assouvir l'ego de mon client, je préfère l'aider à élever son niveau de conscience spirituelle pour qu'il puisse devenir l'homme politique attendu dans sa mission.

Un homme d'affaires que je reçois plusieurs fois par an est quant à lui fermement convaincu que mes facultés médiumniques lui sont bénéfiques. À la tête d'une kyrielle d'entreprises, notamment dans la restauration, il est toujours débordé par le rythme soutenu de son business et compte sur moi comme conseiller salarial, mais aussi pour l'éclairer sur ses nouveaux projets et son *business plan*. Ce jour-là, il m'explique qu'il souhaite créer une nouvelle affaire – d'après lui prometteuse – mais qu'il n'arrive pas à savoir par quel bout l'entreprendre : il a besoin de ma clairvoyance afin de se sentir prêt à franchir le premier pas.

Je me connecte donc à son projet terminé en me concentrant par clairvoyance sur les flashs qui me viennent du futur[1]. Je lui décris alors « un lieu bordé d'un grand parking avec des agents de sécurité. Le bâtiment en lui-même est très grand, il y a un étage en mezzanine où des tables surplombent la salle du rez-de-chaussée. Je vois énormément de plantes qui donneront une ambiance tropicale à cet espace futuriste où des serveurs de la communauté queer seront sélectionnés pour leur ouverture d'esprit fondée sur l'acceptation et une clientèle âgée de 25 à 50 ans. Je vois même un bar central avec une barmaid tatouée ; et un danseur en plein show qui voltige au-dessus des fauteuils rouges. » Je conclus par clairempathie en lui affirmant que ce lieu diffusera la tolérance, l'humanisme et l'amour. Ces prédictions se révéleront tout à fait exactes.

1. En d'autres termes, « je canalise » : c'est ainsi que le médium se met en mode transmetteur.

Certains sceptiques diront que j'ai tout simplement influencé mon client, et c'est certainement vrai, en partie. Mais je lui ai surtout permis de gagner du temps et de croire à son projet sans vaciller : conforté dans son idée, il a pu ainsi dépasser ses réticences et se lancer à corps perdu dans sa réalisation.

La puissance de la clairvoyance et de la divination est impressionnante ; lorsqu'elle est maîtrisée, elle peut être un vrai guide au quotidien. À tel point que certains hommes d'affaires vont jusqu'à me demander quelle banque leur débloquera un crédit, dans le seul but de gagner du temps ! Pour eux comme pour les politiciens débordés qui passent leur vie à prendre des décisions urgentes et déterminantes, la voyance est un gain de temps et de confiance à l'égard du futur dont ils ne sont pas près de se passer !

Quand la clairvoyance nous protège des drames

Si la clairvoyance est un excellent outil pour gagner du temps ou conforter ses idées et ses envies, elle peut parfois aussi nous épargner de grands drames.

Une fois, c'est un certain Pablo que j'ai tiré d'affaire. Assis dans mon cabinet pour une séance, cet homme avait l'air terrorisé mais ne disait rien. J'avais commencé la consultation par les grands traits de sa personnalité, quand ma clairvoyance s'activa et que les flashs se mirent à défiler sous mes yeux : une carte du monde faisait un focus sur l'Amérique du Sud, je vis un lotissement en cours de construction comme abandonné, l'image d'une banque, puis je fus envahi par un sentiment de tristesse.

Avait-il le projet d'investir dans la construction immobilière en Amérique latine ? C'était effectivement l'une des raisons de sa venue, me confia-t-il : promoteur aguerri, il s'était embarqué dans un gros projet de lotissement qui n'attendait plus que son investissement. Pourtant, ajouta-t-il, il attendait notre séance pour agir car il avait un doute. Fort heureusement ! À l'aide de ces visualisations, je pus l'informer que s'il investissait dans ce projet, il allait perdre énormément d'argent en raison du retard qu'il allait prendre et qui pourrait même le mettre à l'arrêt total.

Pablo, je dois l'avouer, n'accueillit pas ma réponse avec enthousiasme : elle le mettait dans une situation délicate et contrariait ses plans. Pourtant, je reçus un message plusieurs mois plus tard m'indiquant qu'il avait bien fait de ne pas investir, car ce projet s'était révélé être une grosse arnaque.

Faites confiance à votre équipe invisible

Je voudrais attirer votre attention sur un aspect essentiel de ma pratique : le médium n'est pas là pour vous décrire avec exactitude ce que vous réserve l'avenir. Il arrive parfois que les informations qui me viennent par clairvoyance soient comme déviées volontairement par les êtres de lumière afin que le client reprenne le contrôle de sa vie. Et si ces indications ne sont pas exactes, soyez-en sûr, elles servent toujours à quelque chose. À vous d'en tirer les enseignements utiles et de reprendre le pouvoir sur votre destinée.

Ce fut le cas de Natacha, 32 ans, qui venait de faire une rencontre amoureuse qui la perturbait : mariée et jusque-là de nature fidèle, elle avait déjà consulté plusieurs voyants qui tous lui disaient que cette relation ne durerait pas et qu'elle ferait mieux de rester avec son époux, mais elle se sentait perdue, inquiète, parce que son couple battait de l'aile, qu'elle n'était plus pleinement heureuse avec son mari… Elle semblait attendre de moi que je tranche. Et ne s'attendait sûrement pas à ce que j'allais lui révéler !

Je sus immédiatement que son amant n'était qu'une passade et que la solution était auprès de son mari avec lequel elle construirait enfin sa vie de famille. Pourtant, mes guides me chargèrent de lui apporter une réponse un peu brutale pour l'entraîner dans la bonne direction : seul un électrochoc pouvait lui faire accepter la réalité et reprendre le pouvoir sur son destin. Ils choisissaient de toucher son cœur plutôt que de s'adresser à son mental. C'est souvent plus efficace…

Je reçus ainsi plusieurs flashs : je la voyais quitter sa petite ville de province pour s'installer à Paris, célibataire, sans enfant, avec quelques relations amoureuses occasionnelles mais rien de sérieux… Forte de ces « révélations », Natacha sortit de mon cabinet complètement bouleversée. Elle connaissait ma réputation et la justesse de mes consultations que lui avait rapportée son entourage : ce que je venais de lui prédire l'effrayait plus que tout ! Eh bien justement, c'est grâce à cette contre-guidance souhaitée par les anges que Natacha reprit le pouvoir : elle quitta son amant et décida d'affronter les inquiétudes qui planaient sur son couple, notamment autour de son désir d'enfant. Un an plus tard, enceinte pour la première fois, elle vint même me remercier de lui avoir « ouvert les yeux » sur ses envies profondes.

Je me souviens aussi de Catherine, une mère excessivement stricte et autoritaire avec ses enfants, venue me voir notamment au sujet du bac de David, son fils aîné. « Ça ne fait aucun doute, lui répondis-je, il aura son bac haut la main. » Je me souviens de son étonnement, puis elle passa à autre chose jusqu'à la fin de la séance.

Quelques mois plus tard, au cours d'un nouveau rendez-vous, elle me lança d'un ton suffisant : « Vous vous êtes trompé pour David, il a eu son bac au rattrapage et non pas haut la main comme vous l'aviez prédit. » « Si je vous avais informé que David allait obtenir son diplôme au rattrapage, répondis-je aussitôt, vous auriez été tellement derrière son dos toute l'année qu'il aurait risqué de décrocher du cursus scolaire et de ne jamais obtenir son bac. Prenez plutôt mon "erreur" comme un cadeau du ciel pour votre fils ! »

En effet, la clairvoyance n'a pas vocation à être obligatoirement « juste », elle est seulement destinée à proposer une ligne de conduite transmise par des êtres de lumière dont je ne suis que le passeur ; le résultat appartient à chacun. Le principe de ce rôle de transmetteur, de catalyseur, qui m'incombe n'est pas de vouloir trouver une logique ou une cohérence à telle ou telle situation, d'avoir raison ou tort, mais d'être seulement à l'écoute de mon cœur lorsque je reçois les informations des êtres de lumière, car le résultat ne m'appartient pas.

D'ailleurs, si vous vous inquiétez de savoir que je pourrais répéter à votre mari, votre mère, votre sœur ou votre fils ce qui m'a été soufflé par mes guides, n'ayez pas peur : j'ai déjà tout oublié lorsque vous quittez mon cabinet. Les flashs ne m'appartiennent pas puisqu'ils ne me concernent pas, alors ils disparaissent comme ils sont venus. Et la mémoire ne me revient que lorsque je vous retrouve au cabinet. Ça vous rassure, n'est-ce pas ?

Rappelez-vous toujours que le médium dit ce qu'il voit et ce qu'il ressent dans le seul but d'être au service de son prochain, toujours à l'écoute de son cœur – c'est la seule façon de se brancher sur une fréquence divine – et en toute humilité : il n'est pas en mesure de tout ressentir ni de tout voir, surtout si c'est au détriment d'autrui, mais seulement ce qui lui est utile dans une perspective bienveillante.

La clairvoyance vous passe au scanner

Lorsqu'elle ne concerne pas une projection dans l'avenir, la clairvoyance peut également s'activer par le biais d'images ou de flashs en révélant notamment l'histoire passée d'un objet ou d'un lieu. Cette pratique se nomme la « psychométrie ».

J'aime organiser des dîners chez moi au cours desquels je multiplie les connexions afin de créer des échanges spirituels entre les personnes qui me sont chères et d'autres moins proches. Un soir, une fois tous les invités partis, je vis qu'un pull avait été oublié par l'un d'eux. Ils étaient plus de cinquante, je n'allais pas passer la nuit à enquêter par SMS, d'autant que je n'avais pas le numéro de tout le monde ; j'attrapai le pull et demandai par clairvoyance des informations sur son propriétaire. Bingo ! Un visage m'est apparu, j'ai saisi mon téléphone pour lui dire que j'avais son pull. En trois minutes, l'affaire était réglée… et ce pull était bien le sien, au cas où vous auriez eu un doute ! Ce n'est ici qu'une anecdote amusante, mais elle révèle qu'un objet peut s'attacher à une personne.

Pour voir avec nos yeux ce qui se trouve dans un placard, dans un tiroir ou derrière une porte, nous devons évidemment l'ouvrir. La clairvoyance, elle, ne nécessite aucune action physique de notre part : elle ne connaît aucun obstacle. Elle fonctionne comme une sorte de scanner, y compris sur le corps humain, puisqu'elle peut même donner des informations fidèles sur les maux.

Grâce à la clairvoyance, à condition de mettre votre mental de côté et de vous laisser guider par votre intuition pour recevoir l'information, vous pouvez voir pratiquement tout. Tout cela bien sûr à condition d'y être autorisé par vos guides : pas de place au voyeurisme ! En voyance, les guides ne transmettent que les informations que nous sommes autorisés à recevoir. N'allez pas imaginer que vous pouvez connaître les petits secrets de tout le monde !

Si vous égarez un objet, par exemple, il suffit de lui demander « Où te trouves-tu ? » et d'accepter le premier flash qui vient pour vous assurer de le retrouver. Je ne compte plus le nombre de fois où je cherche mes lunettes de vue, je pense même que nous avons une communication particulière à force de les chercher : je demande « Où te trouves-tu à ce moment précis ? » et hop ! le flash d'un de mes manteaux m'indique que c'est dans cette poche que je dois les récupérer…

Vous pouvez faire pareil ! Avec un peu de pratique, vous allez finir par y arriver. Mais écoutez-moi bien : tant que vous laisserez votre colère monter parce que vous en avez assez de chercher votre trousseau de clés, vos lunettes ou votre portefeuille, et que votre mental prend le dessus parce que vous allez être en retard à force de chercher ces satanés trucs qui disparaissent, ça ne fonctionnera pas ! Alors, libérez vos mauvaises énergies, débranchez votre mental et respirez profondément en fermant les yeux : si vous faites confiance à vos guides, vous recevrez l'information, je vous le promets. Vous ne l'obtiendrez peut-être pas instantanément, mais à un moment ou un autre de la journée. Si vous avez l'impression que les guides de lumière ne vous aident pas, partez toujours du principe qu'ils vous assistent.

Maintenant que vous savez tout de la clairvoyance, sachez qu'elle est aussi l'outil par excellence pour entrer en contact avec les défunts, que ce soit pour les voir (si ceux-ci souhaitent se présenter) ou pour communiquer des informations par le biais d'images auxquelles nous accédons par télépathie.

Expérimentez votre clairvoyance pour lire l'avenir

Et si votre imagination vous envoyait un flash pour vous donner des informations futures ? Comment reconnaître un flash imaginaire d'un flash médiumnique ? Laissez-vous guider par votre intuition et activez votre clairvoyance sans jugement pour voir ce que vous pensiez ne jamais voir.

Expérience n° 8

• Une fois recentré grâce à « l'expérience d'ancrage à la Terre » (page 35), portez votre attention sur cet espace situé au centre de votre front, le troisième œil, en accueillant l'image sur un écran télé imaginaire – un peu comme le Vision Pro de chez Apple, mais cette fois-ci, ce ne sont pas vos yeux physiques qui recevront l'information. Imaginez que vous avez un œil à trois centimètres de votre glabelle. C'est lui qui va voir l'image et la transmettre à votre cerveau. Parfois, plusieurs flashs peuvent se succéder, laissant libre cours à un film entier se projetant sous vos yeux. Mais laissez venir les images sans effort, sans a priori.
• Pour vous aider, posez clairement votre question aux annales akashiques, qui sont le canal de votre télé invisible (souvenez-vous, c'est cette grande bibliothèque qui regroupe vos mémoires passées, présentes et futures), sans être dans l'attente d'un résultat immédiat et concret. Accueillez ce qui vous apparaît sans jugement.
• Sans vouloir diriger votre esprit, l'analyser ou le comprendre, laissez les images passer et laissez-vous surprendre par ce que vous voyez.

• Pour les plus aguerris, vous pouvez demander un chiffre sur votre écran afin de dater si possible votre flash. Pour ma part, je reçois des chiffres comme 3S, 6M, 1A, signifiant « 3 semaines », « 6 mois » ou « 1 an ». Le flash peut provenir du passé ou du futur, mais comment le savoir ? Pour ma part, je peux recevoir volontairement de l'invisible un flash en noir et blanc pour me signifier que la scène a eu lieu dans le passé, et s'il est en couleur, cela appelle le présent ou le futur. À ne pas oublier ! Vous n'êtes que des récepteurs ; si vous ne percevez pas de date ni de durée, accueillez humblement ce qu'on vous envoie, c'est que vous ne devez pas savoir.
• Faites confiance à votre intuition : vous êtes le récepteur des êtres de lumière, vous aurez la réponse juste. Maintenant, demain ou plus tard, à transmettre ou à conserver.

Pour finir, rappelez-vous toujours que le don de clairvoyance, comme tous les dons médiumniques, n'a pas pour but de vous faire acquérir un pouvoir, mais doit vous permettre d'élever l'autre, de le guider dans l'amour.

Chemin 5

Entrez dans la dimension des présences invisibles

Le médium fascine parce qu'il détient la connaissance de l'invisible. Mais ses facultés ne s'arrêtent pas là : vous le constatez sûrement au fil de ces pages.

Si pendant des siècles on l'a réduit à sa seule capacité à communiquer avec les défunts, je souhaite ici tourner définitivement cette page d'une croyance ancienne pour démontrer que le médium est bien plus que cela. « Médium » vient de l'adjectif latin *medius* qui signifie « qui est au milieu », « central », il a donc la capacité de servir d'intermédiaire entre ses semblables, sur le plan terrestre (la matière), mais aussi entre les plans subtils (l'invisible).

Il faut reconnaître que l'occultisme intimide, et c'est tout à fait naturel : l'unique représentation que nous en avons n'est pas des plus rassurantes. Le médium est le plus souvent représenté comme une personne étrange, vêtue de noir, presque gothique. Cruel, obsessionnel et peuplé de desseins démoniaques, il est dépeint comme le sombre messager de mauvais présages, lorsqu'il ne pratique pas des rites sacrificiels dans une cave obscure pour exercer sa domination sur ses victimes. Mais toutes ces représentations ne sont que préjugés néfastes puissamment ancrés dans notre société occidentale.

Sans me perdre dans les méandres de l'histoire des sciences occultes et autres arts magiques et divinatoires, je voudrais simplement rappeler que le médium, autrefois appelé druide, devin, magicien, sorcier ou… prêtre, est simplement une personne possédant la faculté – le plus souvent innée – de communiquer avec l'invisible. Doté d'une pleine connaissance des potentiels de l'être humain refoulés au fil du temps, il ne se limite pas à ses capacités intellectuelles ni à ses cinq sens mais, comme on l'a dit plus tôt, s'imprègne des sensations, des ressentis, et se positionne sur une voie spirituelle de générosité et d'attention à l'autre. Par le biais de messages et d'informations précises, il établit une communication entre la dimension à laquelle nous sommes généralement restreints en tant qu'humains, c'est-à-dire la troisième dimension, et une autre, invisible pour la plupart d'entre nous.

La troisième dimension et ses préoccupations terre à terre

Cette troisième dimension dans laquelle nous vivons est en fait régie par trois champs : la dualité, le temps linéaire et l'esprit rationnel. Ils nous maintiennent dans une sorte de matrice dont nous avons toutes les peines à sortir pour accéder à un niveau de conscience plus élevé. Je m'explique.

Le monde de la dualité nous fait penser selon un double mode de perception : chaud *versus* froid, positif *versus* négatif, vrai *versus* faux, ou encore lumière *versus* obscurité, naissance *versus* mort, causes *versus* effets, etc. C'est aussi le monde dominant de moi *versus* les autres, celui du chacun pour soi.

Le champ linéaire, c'est notre perception du temps sur une ligne droite, dans une seule direction, et qui se divise en trois : le passé, le présent, le futur. Notez que le seul temps qui nous offre la capacité d'agir dans cette matrice tridimensionnelle se résume au présent : c'est dans l'instant présent que nous avons le pouvoir d'influencer à la fois notre passé et notre avenir. Par exemple, si hier, j'étais en colère contre mon voisin Jean-Pierre, aujourd'hui, j'ai décidé de lui pardonner et de transformer cette blessure en amour. Ainsi, demain, je serai libéré de ce fardeau émotionnel. C'est simple, non ?

L'esprit rationnel, enfin, est notre réflexion purement mentale, qui émane de l'état cérébral bêta (celui de nos conditions d'éveil actif) et nous permet d'élaborer notre pensée critique et logique. Conçu pour développer des comparaisons, calculer, décider et enfin agir, il nous rassure. Mais il stocke aussi des informations entêtantes et nous fait parfois tirer des conclusions hâtives…

Vous l'avez compris, la troisième dimension est conditionnée et organisée selon une architecture rigide. C'est une biosphère stable, certes rassurante, mais qui nous offre une flexibilité réduite et limite nos capacités mentales : elle nous cantonne souvent à des préoccupations terre à terre dénuées de créativité ou d'émerveillement. Pour faire simple, la 3D, c'est la dimension prise de tête !

En écrivant ces mots, je sens résonner en moi vos réactions futures, et je vous entends d'ici gamberger : vous prenez progressivement conscience que vous êtes coincé dans une matrice rationnelle et étriquée qui réduit votre visibilité et votre appréhension du monde… Mais alors, comment faire pour en sortir ?

Rassurez-vous, nous sommes nombreux à avoir entrepris un chemin spirituel et introspectif ; c'est sûrement votre cas si vous avez déjà conscience que ressentir et diffuser de l'amour nourrit votre quotidien. La puissance de l'amour nous positionne dans une autre fréquence vibratoire et nous sort donc instantanément de la troisième dimension : si vous vous laissez guider par votre intuition, qui est la voix du cœur, de l'âme et de l'esprit, c'est que vous avez quitté la 3D et que vous expérimentez déjà, sans le savoir, les vibrations d'amour d'une autre dimension.

Je remarque que beaucoup d'entre nous sont aujourd'hui capables de s'élever dans ces dimensions supérieures grâce à l'amour, aux émotions créatrices, à la musique ou à la méditation. En s'aimant soi-même, on se libère de toute dévalorisation, devenant ainsi le créateur de sa propre existence, car l'amour est une dimension de paix atteinte par un travail global psychospirituel. Nos talents se mettent alors au service des autres, s'alignant harmonieusement en nous. L'amour de soi ouvre ainsi la voie à l'amour des autres. Mais je vous rassure : nous l'avons tous en nous, nous n'avons qu'à nous tourner vers les jeunes enfants, ils sont déjà dans ce principe-là. Le plus important, c'est de ne pas le perdre.

Même si, rattrapés par le quotidien, nous ne sortons pas définitivement de la matrice et pouvons y « redescendre » de temps à autre si nous n'y prenons pas garde… On dit d'ailleurs, en cas de conflit avec quelqu'un ou quand on se fait du souci pour l'avenir, qu'il faut « prendre de la hauteur » : cela signifie bien qu'il faut s'extraire de cette biosphère stressante et énergivore qu'est la matrice tridimensionnelle pour se placer dans une autre vibration, celle de l'amour.

Une dispute, typiquement, nous ramène à de la 3D pure. Ne faites pas semblant de ne pas comprendre, vous voyez très bien de quoi il s'agit ! Vous savez, ces conflits idiots qui émaillent notre quotidien et plombent aussitôt l'atmosphère : eh bien, ils sont directement occasionnés par les trois dimensions qui nous intéressent ici. Quelques mots maladroits suffisent à nous faire basculer dans la dualité (arguments et contre-arguments se déchaînent), puis la linéarité temporelle s'en mêle en instillant de la rancœur (s'il s'agit du passé) ou de la peur (concernant le futur), et tout cela est analysé par notre esprit rationnel qui veut finalement avoir raison à tout prix…

Pourtant, plus on insuffle de l'amour et de la bienveillance, plus on s'éloigne de ce schéma tridimensionnel.

Explorez le monde invisible

Avec sa dualité, son temps linéaire et sa rationalité, la troisième dimension est donc une matrice cloisonnée qui nous laisse peu de chances de percevoir l'invisible. Pourtant, saviez-vous que plus de 50 % des gens affirment avoir été contactés par un défunt depuis notre dimension ? En effet, ceux-ci sont nombreux à nous envoyer des signes de leur présence, afin de nous rassurer sur leur sort dans l'invisible. On appelle ces expériences subtiles le « vécu subjectif de contact avec un défunt » (ou VSCD), qui se manifeste généralement par la lumière ou la radio qui grésille, des courants d'air, la sensation d'être observé ou même d'être touché. Cependant, lors de ces événements paranormaux, si nous restons enfermés dans la dimension tridimensionnelle, notre esprit rationnel prend le dessus et nous empêche de les accueillir.

Laissez-moi vous raconter l'histoire de Gabrielle, dont la mère avait pris l'initiative de me contacter, voyant sa fille désemparée depuis la disparition tragique de son premier amour, Kevin, fauché par une voiture à la sortie du lycée six mois plus tôt. À peine entrée dans mon cabinet, la jeune fille m'informa de sa détresse face au deuil et me pria d'établir un contact avec le défunt.

Alors que je lui expliquais que j'allais me mettre sur la fréquence vibratoire de Kevin pour tenter d'entrer en contact avec lui, l'adolescent était déjà là, juste derrière Gabrielle. Il se présenta comme un hologramme que je percevais par clairvoyance et décida aussitôt de communiquer avec moi par télépathie.

Kevin me fit ressentir beaucoup d'amour et de paix, et j'informai Gabrielle qu'il était heureux d'entrer en contact avec elle. Puis il me montra – par clairvoyance toujours – une boîte qui contenait quelques affaires personnelles et me fit comprendre qu'il fallait que Gabrielle s'en débarrasse : elles n'avaient plus d'importance et surtout empêchaient l'adolescente d'avancer.

Comme Gabrielle semblait dévastée à l'idée de devoir se séparer de ces souvenirs, Kevin me montra un bracelet qui semblait le rendre heureux. Surpris de ce message, je demandai à Gabrielle : « Pourquoi Kevin souhaite-t-il me montrer un bracelet ? » Décontenancée, Gabrielle me regarda avec de grands yeux et me répondit avec une joie profonde venant du cœur : « C'est ma gourmette ! Je l'ai glissée à son poignet avant l'enterrement afin que nous restions liés. » Je l'ai rassurée en lui disant qu'il était très heureux et reconnaissant de cette délicate attention.

Dubitative mais intriguée, Gabrielle me demanda comment faire pour ressentir la présence de Kevin. Un flash soudain me vint dans lequel apparut une belle perruche blanc ivoire : « Kevin t'a déjà envoyé plusieurs signes, mais tu refuses de croire qu'ils proviennent de lui. Il me montre un bel oiseau blanc ; est-ce que ça t'évoque quelque chose ? »

Ébahie, elle me répondit illico : « Mais oui ! Comment tu peux savoir ça ? Trois mois après la mort de Kevin, j'étais au bord de la piscine avec une amie et on parlait de lui. Quand un magnifique oiseau blanc est venu voler autour de nous comme pour attirer notre attention. Ma copine m'a d'ailleurs dit que ça devait être Kevin qui nous disait qu'il allait bien… Mais je n'y ai pas cru et on s'est dit qu'on était folles de croire à un signe de lui qui provenait d'un oiseau ! »

Voilà exactement la raison pour laquelle la communication avec l'invisible est si compliquée pour la plupart d'entre nous : si nous restons prisonniers de la troisième dimension, notre esprit rationnel fait dévier tout espoir et toute foi en la vie après la mort ou plus généralement en l'invisible.

Retrouvez votre âme d'enfant !

Ceux qui sont particulièrement convaincants pour nous prouver que nous sommes bel et bien prisonniers de notre esprit rationnel, ce sont justement les enfants. Jusqu'à l'âge de 7 ans, ils ont une pensée purement intuitive. Créatifs, spontanés, curieux et à l'écoute de leurs sens, ils ne réfléchissent pas selon les conditionnements tridimensionnels : ils ne se comparent pas, n'ont pas la notion du temps et ne se limitent pas. Au contraire, les enfants réfléchissent avec le cœur.

Quelle chance ils ont, n'est-ce pas ? Nous avons beaucoup à apprendre de nos enfants car ils détiennent entre leurs mains la clé du monde de demain. En un sens, ils incarnent le vrai maître spirituel car ils ne sont qu'amour. Les enfants vous acceptent tel que vous êtes, sans a priori ni jugement, et je dois dire que j'ai beaucoup d'admiration pour eux.

Vous avez noté comme on se sent grand, aimé et admiré lorsqu'un enfant nous écoute et nous accueille sans vouloir nous changer… comme le ferait un sage ? Il est temps d'écouter cette sagesse et d'arrêter de vouloir conditionner nos enfants en leur transmettant nos peurs et nos doutes. Ce n'est pas parce que vos parents n'ont pas voulu ou su apprendre de votre sagesse que vous devez en faire autant avec la génération suivante : retrouvez plutôt votre âme d'enfant en les imitant !

Je me souviens de Matéo, 5 ans, que j'ai reçu avec sa maman après sa journée d'école. Elle voulait que je l'aide à retrouver le sommeil : Matéo racontait à sa mère que des « monstres » l'empêchaient de dormir. Elle voulait savoir s'il fallait s'inquiéter d'un danger provenant de ces visites nocturnes.

Pour avoir une vue d'ensemble, j'ai fait une rapide analyse de la situation en revivant par clair-empathie le film des nuits de Matéo. En effet, je me suis senti immédiatement observé par des êtres qui détenaient une énergie différente de la mienne : beaucoup de curiosité émanait de ces êtres invisibles, mais aucune colère ni agressivité.

J'ai pu rassurer sa maman : « Votre enfant n'est pas attaqué, il est simplement observé par des êtres invisibles et curieux qui viennent faire sa connaissance en tant qu'humain. S'il parle de monstres, c'est qu'il n'a pas les mots pour évoquer les êtres différents qu'il perçoit dans le noir. »

Me tournant vers Matéo, voilà ce que je lui ai expliqué : « Tu sais, les présences que tu ressens dans ta chambre, je les connais moi aussi ; elles venaient me voir quand j'étais un petit garçon comme toi. Ce n'est pas parce qu'elles sont différentes de nous qu'elles sont méchantes, elles sont pleines d'amour et de bienveillance à notre égard. Si elles nous observent, c'est parce que nous sommes pour elles des cas intéressants à étudier. Mais écoute-moi bien : c'est toi le chef, alors si tu souhaites que ces présences arrêtent de venir te voir, tu peux simplement leur dire gentiment que tu n'es pas disponible pour jouer avec elles. Et tu verras, elles disparaîtront instantanément. »

Je me souviens du regard étincelant de Matéo qui me fit oui avec la tête. Par télépathie, il me disait combien il était heureux que quelqu'un comprenne ce qu'il vivait, et qu'il était fier de récupérer le contrôle sur ses nuits grâce à de simples outils qui allaient l'aider à gérer l'invisible comme un grand.

Le récit de Matéo montre bien que les enfants ne font qu'imiter, avec leur clairempathie innée, notre tridimensionnalité, en commençant par plonger dans la dualité : ce que je connais ne me fait pas peur, ce que je ne connais pas m'effraie. Et il n'y a pas que les « monstres » qui entrent dans cette catégorie. Regardez l'effet que font les hommes déguisés en père Noël auprès des très jeunes enfants : face à ce bonhomme à la grande barbe blanche, tout de rouge vêtu, et qui s'exprime avec une voix bourrue, ils sont nombreux à se mettre à hurler spontanément ! Eh bien figurez-vous que votre peur des présences invisibles procède du même schéma : vous avez peur des esprits déguisés en père Noël !

Les présences invisibles ne sont pas là pour nous nuire

Beaucoup d'entre vous ont peur des présences invisibles. Certains leur vouent même une véritable terreur, largement exploitée dans les productions cinématographiques. Dans les films paranormaux les plus célèbres, comme *L'Exorciste*, *Conjuring*, *Paranormal Activity*, *Annabelle* ou encore *Insidious*, le médium est souvent confronté injustement au mal et à des créatures démoniaques. Ainsi, dans l'imaginaire commun, le paranormal est systématiquement associé à l'angoisse et à la peur.

Il est pourtant faux de croire que les êtres invisibles se présentent systématiquement sous des formes menaçantes et glauques. Disons plutôt que ces êtres, n'étant pas bloqués dans la matrice physique rigide qu'offre la troisième dimension, peuvent prendre l'apparence qu'ils souhaitent. D'ailleurs, nombreux sont les défunts qui préfèrent utiliser une apparence physique avantageuse, comme mon arrière-grand-mère, dont j'ai parlé plus tôt, qui m'apparaissait avec vingt ans de moins. Certains préfèrent se vieillir, comme ce fut le cas d'un défunt décédé à l'âge de 9 ans qui a pris l'allure d'un homme de 35 ans, lorsque nous sommes entrés en contact, sans doute pour montrer à sa mère que la vie continuait pour lui aussi, dans l'au-delà[1].

D'autres encore peuvent se présenter sous une forme brutale, souvent en lien avec une mort violente, leur physionomie étant un moyen de nous aider à comprendre la cause de leur décès. J'ai eu le cas d'un homme qui m'est apparu pendu alors que je procédais à la purification d'une maison ; cette information que ne détenaient pas les habitants m'a permis de prendre particulièrement soin du nettoyage des énergies de cette pièce.

Je me souviens également de cas où les défunts se présentaient avec des hématomes ou des traces de coups : ces représentations n'étaient pas destinées à m'effrayer, mais bien à éveiller ma capacité à comprendre les violences qu'ils avaient subies et qui avaient pu entraîner leur mort. S'ils se présentent à

1. Si vous voulez en savoir plus sur la vie après la mort, je vous recommande la lecture du best-seller de Stéphane Allix, *La mort n'existe pas* (Harper Collins, 2023), une enquête de plusieurs années sur l'après-vie et les mystères de notre dimension spirituelle.

moi sous cette forme, c'est que je suis en mesure de recevoir l'information et de transmettre le message sous-jacent.

Il faut savoir qu'il est très fatigant pour les défunts d'entrer en communication avec nous en prenant l'apparence d'une sorte d'« hologramme », car ça leur demande beaucoup d'énergie – ainsi qu'à moi, d'ailleurs – pour trouver la même fréquence vibratoire. Alors ils choisissent parfois de nous montrer seulement des objets qui leur appartiennent pour qu'on puisse les reconnaître, à la manière de Kevin avec Gabrielle. Le défunt mari d'une de mes consultantes m'était ainsi apparu par le biais des objets qui le caractérisaient de son vivant : une pipe, une paire de lunettes et une tablette de chocolat. Son épouse fut ainsi immédiatement réconfortée.

D'ailleurs, rassurez-vous, la plupart de ceux qui souhaitent entrer en contact avec leurs défunts ont pour demande essentielle de savoir s'ils vont bien : aucun défunt ne va mal quand il passe par l'intermédiaire des vivants pour donner de ses nouvelles. La seule chose qui les préoccupe, finalement, vos chers défunts, c'est de savoir si vous, vivants, êtes heureux malgré leur départ.

D'autres défunts dans l'invisible, enfin, choisissent non pas de se présenter visuellement mais préfèrent nous parler par télépathie. Je me souviens notamment d'une jeune femme qui voulait entrer en communication avec ses grands-parents maternels. À peine m'avait-elle donné les prénoms de ses aïeux que j'entendis des disputes, des insultes et beaucoup de reproches. Quand j'en fis part à ma consultante, elle éclata de rire et me dit, rassurée : « Ça ne m'étonne pas, ils se disputaient comme chien et chat tout le temps. C'est que tout va bien pour eux ! »

Ne faites pas n'importe quoi avec l'invisible

Je préfère vous mettre en garde une bonne fois pour toutes : arrêtez de vouloir à tout prix entrer en contact avec l'invisible. Vous avez peut-être entendu parler des planches de Ouija et des tables tournantes qui servent de support à la pratique populaire du spiritisme, permettant à n'importe qui, dit-on, de contacter les défunts et de prouver l'existence de la vie dans l'invisible. Navré de vous décevoir, mais rares sont les défunts ainsi appelés qui se montrent. C'est un peu comme si on vous réveillait en pleine grasse matinée pour vous demander de déplacer l'armoire normande du salon : vous préférerez rester au chaud sous la couette à terminer votre nuit plutôt que de mettre toutes vos forces au service d'une activité sans grand intérêt. Là encore, bouger la matière (un verre en l'occurrence) dans un plan tridimensionnel demande énormément d'énergie aux défunts ! Alors, ne vous laissez pas amadouer par des sites internet, des magazines ou même des livres qui vous donneraient des conseils en la matière ; fuyez-les avant de vous retrouver sous emprise. Une fois qu'elles ont quitté la 3D, les présences invisibles n'aiment pas y revenir.

Si vous voulez vraiment recevoir un signe, écoutez simplement votre cœur et ne forcez la main à personne : si des présences invisibles veulent vous contacter, elles sauront très bien le faire, concentrez-vous seulement sur vos ressentis.

Ce qu'il faut retenir ici, c'est que si les défunts se manifestent, c'est pour nous dire qu'ils nous aiment, qu'ils nous pardonnent et continuent de nous chérir depuis l'autre côté. La détresse occasionnée par le processus du deuil n'est jamais simple à gérer et nous sommes nombreux, depuis la Terre, à souhaiter établir un contact rassurant avec nos proches disparus trop tôt. Alors, laissez-moi vous donner ici quelques astuces simples qui vous aideront à les sentir tout près de vous.

Expérience n° 9

Entrez en contact avec nos chers disparus

• Dans un endroit calme et tranquille, commencez par fermer les yeux et visualisez le défunt que vous sollicitez.
• Les pieds bien à plat au sol, ancrez-vous solidement à la Terre (page 35) et envoyez-lui votre détresse. Appelez le défunt par son prénom (ou le surnom que vous utilisiez pour vous adresser à lui) et demandez-lui de vous envoyer tout l'amour dont vous avez besoin.
• Soyez conscient que les êtres invisibles peuvent nous envoyer une énergie réparatrice depuis l'au-delà, qui est une forme d'amour. Placez-vous dans cet échange qui se crée avec l'invisible : vous, vivant, qui êtes en manque de l'être disparu, vous allez vous remplir de l'énergie qu'il vous transmet. Laissez-vous envahir par cette chaleur. Sans rien attendre de précis, mettez-vous dans l'énergie du cœur, c'est-à-dire en amour avec votre détresse et votre défunt, en « mode réception », votre mental sur off, et accueillez sans jugement l'énergie qu'il vous offre.

• Soyez attentif et déployez tous vos sens : une sensation ou une odeur, parfois subtile, peut se manifester.

Une fois la séance terminée, vous vous sentirez rempli, le manque du défunt apaisé, et vous serez comme comblé par son énergie et sa présence. Pensez à remercier votre défunt et à l'autoriser à repartir d'où il vient.

Un voyage dans le temps

Et si je vous disais maintenant que parmi ces présences invisibles, il peut y avoir… vous-même ? Au fil des différentes guérisons émotionnelles que j'ai pratiquées, je me suis rendu compte que notre « moi » présent possède un pouvoir de guérison sur notre « moi » passé. En effet, si nous sortons de la matrice tridimensionnelle limitante, nous ne sommes plus bloqués par le temps linéaire. Nous pouvons donc réparer notre « moi » passé avant qu'il ne nous encombre et ne nous entrave davantage dans notre présent et notre futur.

Gérard, un homme de 70 ans, est venu me consulter à la suite d'un cancer de la prostate et de crises hémorroïdaires épisodiques qui le préoccupaient depuis une quarantaine d'années. En analysant les problèmes émotionnels liés à sa prostate, j'ai constaté que Gérard avait eu, dans sa préadolescence et son adolescence, plusieurs rapports homosexuels. Ce qu'il me confirma : il avait été violé, m'avoua-t-il un peu gêné, par le neveu de son beau-père, âgé de 15 ans au moment du premier viol.

Je proposai alors à Gérard d'aller revivre cette expérience afin de retrouver ses sensations passées et de me les décrire avec sa conscience d'homme mûr. Concentré sur ses ressentis de jeune adulte, il m'affirma sans détour : « Je ne ressens ni dégoût ni violence, mais du plaisir sexuel. »

Mais alors, pourquoi avoir défini ces actes comme des « viols » ?

Après ces événements, Gérard avait fait l'armée, puis il avait rencontré une femme avec laquelle il s'était marié et qui était son épouse actuelle. « J'avais perçu qu'éprouver du désir pour les garçons n'entrait pas dans les normes. Alors j'ai préféré me mentir à moi-même pendant toutes ces années, en me disant que j'avais été forcé. Je m'en rends compte aujourd'hui, mais je n'avais pas conscience de ce mécanisme, à l'époque. »

Pendant tout ce temps, Gérard s'en était tellement voulu qu'il avait condamné sa prostate :

« tu-meurs », semblait-elle lui dire avec cette maladie.

Cet exemple montre le pouvoir de l'introspection : celle-ci libère notre âme dans le passé, le présent et le futur. Notre présence invisible peut changer notre réalité passée, en nous permettant de revivre certaines scènes ou situations afin d'en limiter l'impact dans le présent mais aussi dans le futur. Gérard-le-vieux a simplement retrouvé Gérard-le-jeune en faisant un voyage temporel : il a rassuré son « moi » du passé pour vivre pleinement son futur.

Depuis l'enfance, je me sens rassuré par mon moi futur qui me donne des clés pour me projeter et avancer calmement, sans peurs ni entraves. Si vous saviez combien ça me remplit de confiance ! Vous pouvez faire pareil : dites-vous seulement que le passé du futur est le présent d'aujourd'hui. Oubliez le temps linéaire et accueillez votre « moi » du futur, plus expérimenté, plus expert que celui d'aujourd'hui : en l'analysant, vous aurez toutes les cartes en main pour prendre soin de vous dans le présent.

Dimension supérieure et monde parallèle : et si c'était vrai ?

Si la Terre est constituée de multiples dimensions et fréquences, l'invisible est encore plus vaste que ce que l'on imagine, car il concerne l'ensemble des univers. Et croyez-moi, il nous offre des expériences excessivement riches et multiples.

Si je vous parle des « amis imaginaires » des enfants, je suis sûr que vous savez de quoi il s'agit : fées, lutins, trolls, gnomes et elfes des bois appartiennent au monde invisible dit « du petit peuple », qui vivent dans la fréquence éthérique et astrale de la Terre, c'est-à-dire la vibration invisible la plus proche de la matière. Rappelez-vous : tout ce qui est matière détient son corps éthérique, autrement dit une enveloppe énergétique qui le protège. Mais il y a aussi des êtres vivants dans les dimensions éthérique et astrale qui vivent sans corps physique visible à l'œil nu. Si vous pensez que je m'égare en prenant le monde des enfants pour la réalité, n'oubliez pas que la littérature fantastique et la science-fiction ne font qu'intégrer les mondes invisibles à notre tridimensionnalité. C'est pourquoi ils sont aussi fascinants…

À cette colonie, vous pouvez ajouter les anges gardiens, guides, protecteurs ou êtres de lumière (appelez-les comme vous voulez), qui proviennent quant à eux de très hautes dimensions. Par centaines de milliers, voire de millions, ils constituent une véritable équipe invisible. La mienne est composée de guides avec lesquels je rédige les pages de ce livre, par exemple, mais qui m'accompagnent aussi dans mes séances de voyance, mes conférences et ateliers. Mon équipe invisible est en quelque sorte mon patron dans ma hiérarchie divine.

Certains m'interrogent parfois sur le nombre de guides qui m'accompagnent, sur leurs rôles et leurs noms, mais les nommer ou les personnifier, comme nous le faisons dans la tridimensionnalité, les coincerait dans la rationalité de mon esprit humain et ne servirait qu'à limiter le travail d'équipe. Ce que je peux vous révéler en revanche, c'est qu'ils peuvent être immenses et éclatants de couleurs. Je devais avoir 16 ans lorsque, une nuit, j'ai été réveillé par la sensation très nette d'un courant électrique parcourant tout mon corps, comme si on opérait sur moi une guérison par le toucher. J'ai ouvert les yeux, mais mon corps ne pouvait absolument pas bouger. Je ne ressentais aucune angoisse, pas de douleur particulière, mais j'étais comme paralysé. En rond autour de moi, alors que j'étais immobilisé sur mon lit, j'ai pu distinguer plusieurs êtres immenses, délimités chacun par une couleur vive et très claire :

bleu, jaune, rose, vert, violet, orange, doré, blanc cristal. Je me suis rendormi aussitôt, mais le souvenir puissant de la présence réconfortante de ces êtres invisibles reste ancré à jamais dans mon esprit.

Chacun de nous possède sa propre équipe qui nous accompagne dans nos choix selon ce que nous devons accomplir au cours de notre vie. Ces êtres de l'invisible sont heureux de travailler avec nous et de nous aider dans notre quotidien : vous pouvez compter sur eux et leur demander tout ce que vous voulez, à condition comme toujours que votre cœur soit aux commandes de vos besoins.

Souvenez-vous que, dans notre monde tridimensionnel, nous avons pris l'habitude de dévaloriser autrui pour mieux paraître nous-mêmes. La dualité et notre ego rendent l'accès aux équipes invisibles beaucoup plus difficile. Adoptez plutôt la perspective du nouveau monde et des autres dimensions, où seuls l'amour et la valorisation de l'autre permettent un véritable épanouissement.

L'amour, la bienveillance et la tolérance sont les clés pour apporter le meilleur de vous sur Terre, accompagné de votre équipe invisible. Alors, qu'attendez-vous pour demander de l'aide ?

Formez vos propres équipes invisibles

Parmi les membres de votre équipe, vous pouvez retrouver certains défunts proches et d'anciens êtres vivants de notre planète. Ces êtres peuvent choisir de faire partie de votre équipe, cependant il leur sera nécessaire d'avoir été élevés au rang hiérarchique divin une fois dans l'invisible. C'est pour cela qu'on les nomme les « êtres ascensionnés ».

Je me souviens d'une dame qui m'avait demandé si son grand-père faisait partie de son équipe. Je lui avais répondu qu'en effet, il comptait parmi ses guides, mais qu'il était actuellement « en stage » parce qu'elle évoluait si vite dans sa spiritualité qu'il avait besoin de s'éveiller lui aussi pour suivre le rythme ! Comme vous – ne mentez pas, ça vous a fait sourire ! –, elle a beaucoup ri et m'a répondu : « Ça ne me surprend pas, mon grand-père était un paysan, un homme de la terre, pas du tout ouvert à la spiritualité. »

Sachez que les défunts apprennent beaucoup dans l'au-delà, et bien plus vite que nous car ils n'ont pas la même notion de temps et ne sont pas limités par la densité de la matière. Disons qu'à la manière d'une application de smartphone ou d'un logiciel, chacun peut télécharger les consciences dont il a besoin afin de disposer des dernières mises à jour nécessaires pour pouvoir nous aider. C'était le cas de ce grand-père paysan.

Notre équipe invisible est semblable à une grande armée constituée de différents bataillons distincts qui nous apportent leur aide dans des domaines spécifiques. En ce qui me concerne, par exemple, comme je travaille pour l'Univers dans le but d'accompagner les humains dans leur chemin d'éveil spirituel et d'amour de soi, j'ai choisi de faire confiance à une équipe invisible pour s'occuper de mes finances. Ainsi, quels que soient mes revenus, cette délégation me permet de me consacrer pleinement au métier que j'aime sans me soucier des fluctuations de mon salaire. Géré par mon équipe invisible des finances en qui j'ai toute confiance, l'argent n'est plus ni un casse-tête ni une peur : lorsqu'une somme conséquente arrive sur mon compte bancaire, elle sait même comment la mettre à profit puisqu'elle connaît mes besoins matériels futurs et me dit comment faire lorsque je lui demande.

Margot a fait elle aussi l'expérience de confier ses finances à sa propre équipe, et laissez-moi vous dire que sa vie professionnelle a changé intégralement. Cette cliente autoentrepreneuse était venue en consultation en raison d'une anxiété sur le plan financier qui bloquait littéralement toute possibilité d'abondance sans qu'elle en ait conscience. Lors d'une séance, je lui ai proposé de ressentir son équipe invisible chargée de ses finances et de lui faire confiance en tout point : elle devait s'imaginer leur confier ses factures ainsi que son planning de rendez-vous et se laisser porter par la vie et la magie de son équipe. Quelques mois plus tard, le cabinet de Margot faisait un carton et son chiffre d'affaires dépassait toutes ses espérances. Pourquoi ? Elle a simplement choisi de faire pleinement confiance à son équipe et de se réjouir de son succès, sans jamais vouloir reprendre le contrôle mental ni rationnel.

Pour les conférences et ateliers que j'anime régulièrement autour de la spiritualité, je n'hésite pas à faire appel à mon équipe invisible du show quand j'en ressens la nécessité. Lors de ma première conférence, j'avais 20 ans tout juste et face à moi une salle comble de quatre cents personnes : inutile de vous dire combien la pression était intense ! Armé de mon équipe invisible qui attendait que je monte sur scène pour se mobiliser, j'ai senti les idées destinées au public fuser par tous les canaux (clairaudience, clairvoyance, télépathie, clairempathie), ce qui m'a permis d'adapter parfaitement mes propos aux attentes de la salle. J'étais à la fois au service et à l'écoute de mon équipe personnelle. Croyez-moi, elle m'accompagne fidèlement depuis et ne m'a jamais fait défaut.

Même chose pendant mes consultations individuelles : une équipe invisible se forme pour m'adapter à mon client afin de me connecter à son univers et de le guider sur son chemin.

Partout et en tout temps, dans mon cabinet comme ailleurs, mon équipe de guides spirituels est omniprésente : elle s'ajuste à mes activités pour que je puisse être confiant dans n'importe quelle situation. Une équipe invisible m'accompagne lorsque je cuisine, une autre veille à ce que je reste au top de ma forme, une autre encore programme mes rencontres futures ainsi que mes opportunités professionnelles, et ainsi de suite sur d'innombrables thématiques.

Mon armée invisible est heureuse de travailler avec moi... il faut dire qu'ensemble, nous formons une belle équipe !

Allô ? Mon équipe invisible !

Parce qu'on a tous besoin d'aide, parce qu'on a tous envie de se sentir soutenu et réchauffé, les équipes invisibles sont nos amis éternels. Vous pouvez avoir besoin d'eux pour vous appuyer dans votre travail, vous consoler, vous aider dans une tâche compliquée. Dans tous les cas, votre équipe cst là pour quc vous nc soyez pas seul et que vous vous sentiez entouré d'amour, réconforté et apaisé. Avec sa complicité, même la plus grande difficulté vous semblera plus aisée.

Expérience n° 10

• Placez d'abord vos pieds à plat par terre, jambes et bras décroisés, et ancrez-vous au sol (voir l'expérience page 35).
• Portez votre conscience sur votre respiration en inspirant et en expirant profondément par le nez, à votre rythme.
• Quand vous vous sentez prêt, dites à haute voix : « J'appelle mon équipe invisible. » Elle est là pour vous apporter l'énergie qui vous est nécessaire à cet instant. Portez votre attention sur la vibration de votre aura et accueillez, sans attente particulière, les énergies subtiles nouvelles. Ne cherchez pas à voir, entendre ou sentir vos guides, c'est inutile, accueillez-les simplement : ils sont là.

• Une fois que vous ressentez leur présence, laissez-les prendre les rênes de la situation et reprenez vos émotions en main avec l'énergie nouvelle dont vous vous sentez gonflé. Inutile de vouloir leur parler, de leur demander de l'aide ou de formuler une question précise : faites-leur simplement confiance. Eux, ils savent ce dont vous avez besoin !

L'équipe invisible peut nous sortir de toutes les situations dans lesquelles nous nous sentons victimes ou impuissants ; elle veille à ce que nous nous réalisions au mieux dans notre incarnation terrestre : n'hésitez jamais à la solliciter !

CHEMIN 6
ÉCOUTEZ L'INVISIBLE SANS L'AIDE DE VOS OREILLES

Comme la clairvoyance qui n'a nul besoin de faire usage des yeux pour voir, la clairaudience est cette aptitude à entendre sans utiliser ses oreilles !

Lorsque j'entends des voix, des sons ou toute autre résonance, ceux-ci semblent toujours venir de mon oreille droite, mais contrairement à ce que l'on pourrait penser, la clairaudience ne provient pas de nos oreilles, mais de notre cerveau et de notre chakra de la gorge, siège de la communication[1]. En développant ce chakra, vous pouvez vous aussi révéler votre énergie créatrice et améliorer votre clairaudience afin de capter les messages implicites de vos interlocuteurs.

---

1. Retournez au chapitre 2 (page 68) si vous voulez un petit rappel sur les chakras.

La clairaudience est l'une des facultés essentielles des médiums, même si elle a longtemps été mise de côté en raison d'amalgames possibles avec la schizophrénie : entendre des voix est traditionnellement considéré comme un symptôme de ce trouble psychique. Il est vrai que faire le tri entre les différentes voix que nous percevons – celle de notre raison, celle de notre intuition (autrement appelée « voix du cœur ») et celle de notre fameuse clairaudience – n'est pas toujours évident ! J'ai néanmoins tendance à penser qu'il est possible de déployer les capacités d'un organe en l'entraînant : développer sa clairaudience, oui, à condition de la travailler comme un sportif de haut niveau. Vous êtes prêt ? Laissez-vous guider !

Ouvrez votre cœur et tendez l'oreille

La clairaudience est un outil de communication avec l'invisible. Cependant, contrairement à la conversation télépathique qui a un émetteur et un récepteur, celle-ci n'est qu'un récepteur d'information. Pour s'assurer de la canaliser afin d'entendre l'invisible, il est d'abord nécessaire de savoir faire le silence dans sa tête. Si vous débutez dans la pratique de la clairaudience, je vous recommande là aussi de compléter avec de la méditation : c'est un excellent moyen d'obtenir le silence intérieur (voir page 87).

La voix du mental fait parler nos peurs. Elle raisonne, scrute les problèmes, se base sur des événements vécus et étudie les conséquences de nos choix ou de nos actes en nous ramenant toujours au jugement que nous avons de nous-même et aux habitudes – bonnes ou mauvaises – mises en place pour nous rapprocher de ce que nous connaissons. En nous montrant nos plus grandes peurs, elle nous incite souvent à reculer et nous limiter. Épuisante, accablante et terre à terre, bloquée dans la dualité, elle correspond à la fréquence cérébrale bêta de la tridimensionnalité, celle qui nous plonge en état d'alerte.

Pour activer votre clairaudience, ne cherchez pas à entendre une voix ou un son : personne ne va crier dans votre conduit auditif ni même vous murmurer quoi que ce soit à l'oreille. Accueillez simplement, votre cœur grand ouvert et abandonné à votre intuition, une pensée, un souvenir, une personne, un lieu…

Vous vous surprenez sûrement, de temps à autre, à parler tout haut pour vous-même. Ou à fredonner dans votre tête les paroles ou l'air d'une chanson. Eh bien, la clairaudience, c'est pareil, sauf que ce n'est pas votre mental, votre ego ou votre mémoire qui agit : c'est l'invisible. Votre âme et votre cœur deviennent ainsi les récepteurs de subtils sons extérieurs qui se manifestent.

Alors, vous l'entendez, cette pensée ? C'est votre équipe invisible qui vient la déposer là, tout près de votre oreille. Si, si, faites-lui confiance, faites-vous confiance. Faites taire votre mental et tendez l'oreille !

Expérimentez la voix de l'au-delà

Il est possible que beaucoup d'entre vous confondent clairaudience et intuition. Rappelez-vous simplement ceci : l'intuition provient de vous-même. Elle est la voix de votre âme – qui vous appartient – douce et pure, qui s'adresse à vous dans le présent, parfois comme une évidence, et toujours en suivant la voie de l'amour. Si vous suivez cette intuition, vous ne douterez plus, vous serez en confiance et plus rien ne saura vous arrêter.

La clairaudience est quant à elle extérieure à vous : prenez simplement conscience que l'invisible veut vous parler, sans réfléchir, sans chercher à comprendre, accueillez uniquement. Le message vous est transmis par votre cœur, donc vous ne pouvez pas le manquer. Vous verrez, ces mots et pensées extérieurs détiennent une fréquence authentique d'amour et de paix légère, nette et bienveillante : avec la pratique, vous réussirez à faire la différence.

Expérience n° 11

• Pour commencer, prenez le temps de vous centrer et de vous aligner à l'instant présent : pieds à plat au sol, avec une respiration fluide et en suivant tous les conseils déjà formulés plus haut pour vous relaxer (jambes décroisées, dans un lieu où vous vous sentez bien, sans avoir de pression particulière) et faire taire votre mental.
• Avec l'aide de votre cœur, appelez votre équipe invisible, un défunt ou un lieu avec lequel vous souhaitez entrer en communication pour qu'il vous transmette un message ou un son du futur ou du passé.
• Laissez cet invisible s'adapter à votre fréquence et vous transmettre les idées par des phrases ou des mots, puis interprétez-les, imaginez ce qu'ils peuvent bien vouloir vous dire. Pour vous faciliter la tâche, vous pouvez imaginer leur présence contre votre oreille. Si vous ne recevez rien, n'insistez pas : c'est qu'il n'y a rien à entendre.

Sachez qu'il existe plusieurs fréquences dans notre clairaudience : après avoir reçu un message, si vous souhaitez entendre autre chose, prenez le temps de vous réaligner en faisant un « *reset* » du premier message. En effet, un être de lumière, un défunt, la mémoire d'un lieu ou l'équipe invisible de quelqu'un d'autre sont chacun perceptibles à une fréquence qui leur est propre. En vous réalignant, vous vous ouvrez ainsi à un nouveau son subtil sur une autre fréquence.

La médiumnité n'est pas une compétition

Attention, la clairaudience n'est pas non plus la faculté idéale dont les médiums pourraient se contenter : écouter l'invisible et répéter ce qu'on entend ne fait pas tout ! Il y a bien des moyens d'échanger avec l'invisible et chacun possède son canal de prédilection.

Je me souviens d'une acolyte pratiquant la voyance par téléphone qui voulait arrêter sa profession : elle ne se trouvait pas assez douée face à ses collègues clairaudients qui avaient un succès fou parce qu'ils étaient en mesure d'entendre les prénoms quand ils guidaient leurs clients. Certes, la clairaudience bénéficie d'une légitimité quasi immédiate, mais donner seulement un prénom est parfois moins utile que de ressentir par clairempathie l'état d'un client, comprendre son passé et le guider sur son avenir.

Par clairaudience, le médium entendra « Henri » depuis le futur quand le médium clairempathe ou clairvoyant verra « un grand homme avec une barbe de trois jours, d'une énergie timide et réservée, très intelligent, qui a reçu beaucoup d'amour dans son enfance, notamment de sa mère »... Bien sûr, un prénom peut activer une réaction chez un client, mais un diagnostic global de la personne canalisée peut amplement peser dans la balance !

Ce que je veux expliquer ici, c'est qu'un médium ne peut pas exceller dans toutes les facultés, même s'il exerce sa clairaudience, sa clairvoyance et sa clairempathie. Savoir reconnaître ses atouts permet justement d'affiner son don. En ce qui me concerne, mes ressentis passent d'abord par la clairempathie, puis je vois par clairvoyance et enfin j'entends qu'on me guide par clairaudience. Si je m'étais concentré uniquement sur ma clairaudience, mon niveau n'aurait jamais décollé, or toutes ces facultés psychiques s'entraînent, s'entretiennent et se développent naturellement au fur et à mesure de la pratique.

Des informations déterminantes

La clairaudience est très proche de la télépathie, à ceci près qu'elle ne propose pas un échange de pensées ou d'images, mais simplement d'entendre des voix. Les défunts utilisent souvent ce mode de communication pour transmettre des informations clés sous forme d'expressions verbales ou d'intonations subtiles.

Lorsque j'ai rencontré Clément, par l'intermédiaire d'une amie, il était sceptique sur la possibilité de communiquer avec un défunt – il n'est pas le seul, avouons-le ! –, mais était pourtant intrigué à l'idée d'entrer en contact avec ses parents décédés. Alors, à l'occasion d'un dîner chez moi, je lui ai proposé d'essayer ; j'avais seulement besoin qu'il me donne son accord ainsi que les prénoms de ses parents.

Jean-Luc, son père, fut le premier à se présenter. Par clairempathie, j'ai d'abord ressenti sa présence masculine à des énergies denses, brutales, puis j'ai aperçu, par clairvoyance, un homme massif vêtu d'un manteau vert, fusil de chasse à la main, un chien noir à ses côtés. C'était bien son père, me confirma Clément.

Alors que je venais de demander par télépathie à Jean-Luc s'il souhaitait parler avec son fils, il me dit par clairaudience d'une voix autoritaire : « Je suis content qu'il soit sorti des jupons de sa mère ! » Une réponse qui ne coïncidait pas vraiment avec l'image dure et sévère que je m'étais faite de lui. Quand je lui transmis le message, Clément se figea, ne souffla pas un mot et sembla sous le coup d'une forte émotion. La phrase de son père avait un peu plombé l'ambiance, mais le dîner reprit son cours.

Quelques heures plus tard, Clément revint vers moi, encore visiblement ému, pour s'exprimer enfin : « Tu sais, la phrase que t'a dite mon père m'a beaucoup remué, parce que sur son lit de mort, alors que son cancer généralisé était en train de l'achever, il m'a dit : “Mon fils, tu ne seras jamais un homme car tu ne sortiras pas des jupons de ta mère.” Ça a été notre dernier échange car il est mort le lendemain, et cette phrase me hante depuis tout ce temps : je n'ai jamais assumé mon homosexualité de son vivant, et je continue à me demander ce qu'il en pense, de là-haut... »

Je le rassurai : « Ton père semblait certes un homme dur et peu aimant, mais la rigueur de son jugement n'a plus lieu d'être de l'autre côté ; par cette phrase, il te fait justement savoir qu'il est fier de toi. Aujourd'hui, tu peux tourner la page et vivre pour toi et non plus dans l'appréhension de son point de vue. »

Soulagé d'entendre ces mots, Clément me demanda alors des nouvelles de sa mère. Je me mis donc sur la fréquence de Ségolène, mais je ne perçus aucune description par clairvoyance, seulement le son d'une voix de femme qui chantait, par clairaudience : « Ne sois pas déçu, dis-je à Clément, mais ta mère n'est pas trop réceptive à mon appel télépathique et ne souhaite pas communiquer. Elle me fait comprendre qu'elle est occupée à chanter... Je t'avoue que je n'avais jamais pris un vent pareil de la part d'un défunt ! » Comme moi, ça l'a fait rire, et il m'a répondu : « Ma mère adorait chanter et ce n'était pas une grande bavarde, alors cette information me rassure : elle est heureuse et il faut que je la laisse tranquille. »

En tant que médium, je suis régulièrement sollicité pour transmettre des messages en dehors de mon cabinet. Ce sont le plus souvent des personnes qui n'ont pas l'audace d'aller consulter d'elles-mêmes un médium et que les proches défunts mettent sur mon chemin afin qu'ils puissent transmettre leur message.

Une fois, alors que j'étais en boîte de nuit, je croisai le regard triste d'un homme quand j'entendis au même moment par clairaudience la voix d'une femme me lancer : « Dis-lui que je l'aime ! » Comment transmettre ce message à un parfait inconnu qui ne m'avait rien demandé et qui n'avait peut-être aucune sympathie pour la médiumnité ? Embarrassé, je demandai de l'aide par télépathie à mes guides et à cette femmc, afin qu'ils me facilitent la tâche et m'offrent un moyen de lui parler.

Plus tard, alors que je n'avais pas recroisé l'homme de la soirée, je me dirigeai vers les toilettes où se déployait une longue file d'attente. Pendant que je trépignais en attendant mon tour, l'homme se posta derrière moi, accompagné d'un ami qui me héla immédiatement : « Je te connais, toi, tu n'es pas médium ? » Je leur souris, acquiesçai, et de but en blanc leur demandai leurs prénoms : « Moi, c'est Thibault, dit celui à qui j'étais censé transmettre le message. Tu t'appelles Mathias, je t'ai déjà croisé. » La situation tournant à mon avantage, je me jetai à l'eau : « Quand nos regards se sont croisés tout à l'heure, j'ai reçu pour toi le message d'une femme décédée qui souhaite que tu saches qu'elle est là et qu'elle t'aime. » Thibault s'effondra dans un torrent de larmes ; son ami m'expliqua alors que sa mère était décédée deux mois plus tôt et que c'était la raison pour laquelle il l'avait entraîné dans cette soirée… Je n'en savais rien, évidemment, je devais uniquement transmettre le message. C'était chose faite.

Exercez-vous à deviner des prénoms

Beaucoup de médiums affinent leur clairaudience pour améliorer leurs séances et offrir des pistes plus concrètes à leurs consultants. Vous pouvez faire de même, en tenant compte des différentes fréquences clairauditives de l'invisible – et en prenant soin de ne pas chercher à les entendre avec votre oreille physique.

N'essayez pas non plus d'obtenir du premier coup des phrases complètes et une communication fluide. Je vous conseille plutôt de porter votre attention sur des prénoms qui vous viennent à l'esprit.

Expérience n° 12

- Placez-vous face à une personne de votre choix, inconnue de préférence, et essayez de deviner les prénoms des personnes présentes autour d'elle, de son aura.
- Pour cela, commencez par accueillir les énergies de la personne choisie par clairempathie (voir chapitre 2, page 52). Sans analyser quoi que ce soit avec votre mental,

laissez venir à vous les idées de prénoms (vous pouvez les écrire sur une feuille). Il est possible que certains prénoms vous arrivent avec la voix de la personne analysée, puisque c'est elle qui est censée prononcer ce prénom.

• Une fois focalisé sur l'un des prénoms décelés, toujours par clairempathie, utilisez ce prénom comme support pour savoir si cette personne est vivante ou morte, quel est son âge et si vous percevez par clairvoyance d'autres informations. Puis demandez à la personne choisie si elle connaît ou non quelqu'un qui porte ce prénom : « Une jeune femme sportive qui s'appelle Lisa, la trentaine, autour de vous, est-ce que ça vous évoque quelque chose ? » Si la réponse est oui, bingo. Si c'est non, l'information peut provenir du futur et la personne être encore inconnue de votre interlocuteur.

• Une fois l'exercice terminé, n'oubliez pas de couper vos liens clairempathiques avec cette personne dont le prénom vous est apparu en disant à haute voix : « Je me coupe de [le prénom] » et imaginez cette personne disparaître de votre champ aurique.

Laissez-moi vous livrer maintenant un dernier exemple éloquent de clairaudience. Jean, 42 ans, le cousin d'un de mes amis, souhaitait que j'entre en contact avec son père, Jules, décédé quinze ans plus tôt. Il pensait beaucoup à lui ces derniers temps et voulait prendre de ses nouvelles.

La connexion avec son père s'est faite immédiatement : l'homme me montra par clairvoyance un jeune enfant de 2 ou 3 ans et me dit par clairaudience : « Futur footballeur, mon petit ! » Comme Jean n'avait pas de fils, je ne savais pas de quel petit footballeur il était question, mais je transmis l'information. Jean se mit à rire : « C'est le fils de mon petit frère, il est accro au foot… comme son grand-père ! » Alors que je répétai son message, le défunt ajouta : « Je suis content qu'il porte mon nom ! » Ce que Jean me confirma.

Vous l'avez compris, les défunts utilisent beaucoup la clairaudience pour nous transmettre des informations, mais tous ne sont pas de grands bavards, et il faut parfois être très aguerri dans sa pratique pour distinguer leurs messages.

Mais les défunts ne sont pas les seuls à se faire entendre. La clairaudience peut être un véritable couteau suisse si l'on sait en faire bon usage. Ainsi, à force de pratique, j'ai appris à me concentrer à distance sur une personne vivante. Je me souviens d'avoir entendu pleurer l'un de mes amis et d'avoir immédiatement pris de ses nouvelles : il m'expliqua qu'il venait de perdre sa tante et mon appel le réconfortait beaucoup.

« Vous êtes en communication avec le futur, ne quittez pas ! »

La clairaudience permet donc de recevoir des messages sous forme de mots, de chants ou de phrases, mais elle peut également se manifester autrement que par des voix. Vous avez sûrement déjà entendu sonner votre téléphone alors qu'il n'émettait aucun son ; vous avez sans doute aussi déjà eu l'impression qu'on vous appelait par votre prénom alors que personne autour de vous ne semblait l'avoir prononcé…

Après ce genre d'expérience, on a souvent un sentiment bizarre, inconfortable. Mais cela montre seulement que la clairaudience peut nous faire entendre des sons venus d'un autre temps que le présent. Disons qu'on nous envoie une information sur le futur qui nous indique que quelqu'un cherche ou cherchera à nous joindre.

Un matin, alors que je m'affairais dans ma cuisine, j'ai entendu mon téléphone sonner. En attrapant l'objet, je me suis rendu compte, à ma grande surprise, qu'aucun appel ne s'affichait et qu'il était, en plus, en mode silencieux. J'ai augmenté le son et gardé mon appareil à côté de moi. Cinq minutes plus tard, il a réellement sonné, affichant un numéro que je ne connaissais pas : au bout du fil, un directeur de projets avait une proposition professionnelle à me faire.

Mon équipe de lumière savait que ce projet serait important pour moi et que je devais à tout prix prendre cet appel : elle m'a donc fait entendre par clairaudience la sonnerie téléphonique future afin de s'assurer que je ne manquerais pas cette occasion !

Quand la clairaudience vient en renfort des autres canaux intuitifs

Lorsque la clairaudience se déploie au même moment que la clairvoyance, les flashs se transforment en scènes et c'est un véritable film qui est comme projeté sous mes yeux.

Je me souviens d'une amie qui venait de m'informer de sa rupture. Sa décision semblait ferme et définitive. « Avec ce mec, c'est terminé ! », avait-elle ajouté. Je lui avais recommandé de ne pas être si déterminée parce qu'une saynète s'était immédiatement présentée à moi : « Attends quelques mois et tu verras qu'il regrettera d'avoir embrassé cette fille en soirée et te demandera pardon à genoux dans ton salon… » Elle ne croyait pas un mot de cette révélation, car son copain n'était pas du genre à mettre sa fierté de côté ni à s'excuser. Pourtant, c'est exactement ce qu'il a fait, quelques mois plus tard, à genoux dans son salon…

La clairaudience est un outil psychique difficile à maîtriser mais qui offre de grandes perspectives, car elle permet d'ajouter notre ouïe subtile à nos ressentis et visions afin de préciser nos canaux de communication. L'équipe de lumière peut ainsi nous répondre par clairaudience lors de nos échanges télépathiques et nous apporter des indications ultraprécises.

Alors que je rendais visite à une amie qui venait d'accoucher et dont j'avais oublié le numéro de chambre, il m'a suffi d'en informer par télépathie mes guides et d'attendre leur réponse : j'ai entendu dans ma tête une voix douce et claire me dire calmement « 243 au fond du couloir à gauche », je me suis dirigé vers cette porte en toute confiance, j'ai toqué à la porte et… c'était la bonne !

Vous vous doutez bien qu'il m'a été assez facile, une fois ma clairaudience affinée, d'obtenir quelques tuyaux quand il s'agissait de réussir des contrôles ou de passer des examens… C'est comme ça que j'ai obtenu le thème du sujet d'un écrit du bac : j'ai simplement demandé à mes guides qui m'ont envoyé la réponse par clairaudience. J'avais prévenu mes copains un peu plus tôt, et lorsque nous avons retourné les sujets posés sur les tables, j'ai eu du mal à me concentrer parce que pendant une dizaine de minutes j'entendais par télépathie les commentaires de ceux qui me remerciaient, et les autres rouspéter parce qu'ils avaient fait l'impasse dessus !

Chemin 7

Découvrez ce que cachent les odeurs insaisissables

Les capacités clairolfactives sont multiples et faciles à discerner sans outils particuliers : inspirez naturellement par le nez et laissez se déclencher la clairolfaction, qui peut vous faire sentir une odeur totalement inconnue ou reconnue par votre mémoire olfactive. C'est une capacité psychique qui permet de détecter des odeurs insaisissables. Un peu comme si la vibration de notre aura pouvait, en plus d'un ressenti clairempathique, nous transmettre une odeur.

Par clairolfaction, certains peuvent sentir l'énergie de l'amour, qui évoque une relation amoureuse en cours ou à venir. Les lieux peuvent aussi émettre des odeurs passées. Quant aux défunts, ils peuvent signaler parfois leur présence en nous faisant sentir des odeurs qui passent bien par notre nez, mais que l'on ne sent que par clairolfaction : elles n'existent pas en tant que telles.

On assimile d'ailleurs souvent « je sens » à « je ressens », car la clairolfaction s'active dans nos ressentis clairempathiques… C'est ce qui se passe si, dans votre voiture en train de conduire, vous sentez tout à coup le fumet d'un plat que vous aviez l'habitude de manger quand vous étiez enfant, ou qu'en entrant dans une pièce pour la première fois, il vous semble reconnaître le parfum de quelqu'un que vous aimiez et qui n'est pourtant pas là…

Il faut cependant veiller à ne pas confondre la mémoire olfactive et la clairolfaction qui peut en découler. Si vous retournez dans votre école primaire, par exemple, pour la faire visiter à vos enfants, vous allez trouver incroyable de sentir les odeurs de votre enfance « comme si vous y étiez » alors qu'il n'y a aucune odeur particulière dans les couloirs à ce moment-là : dans ce contexte, cette visite a touché votre émotionnel passé et votre mémoire olfactive s'est réveillée au contact de ces souvenirs… Dans l'expérience de clairolfaction, l'odeur n'existe pas organiquement, mais relève d'une faculté psychique.

L'odeur comme indice

Un soir d'été caniculaire, j'avais prévu avec quelques amis un apéritif sur la plage, afin de profiter du front de mer sans être exposés à la rage du soleil. Nous regardions les belles couleurs orangées que le ciel nous offrait tout en nous racontant nos vies. Peu après 22 heures, la nuit se fit, éclairée par la beauté de la lune qui se reflétait sur l'eau, et chacun rejoignit sa voiture pour rentrer chez lui.

Alors que j'étais au volant depuis quelques minutes, sur ma route habituelle pour rentrer à la maison, une forte odeur envahit ma voiture. C'était une odeur cadavérique mêlée à un parfum d'algues semblable à celui de la vase laissée par les marées. Je regardai dans le rétroviseur et vis, assise sur la banquette arrière, une jeune fille défunte. Elle avait la peau très blanche, les cheveux mouillés, les lèvres violettes, les yeux vitreux et qui semblaient regarder dans le vide, incapables de tenir mon regard. Elle fait d'ailleurs partie des rares défunts qui me sont apparus avec une apparence non avantageuse.

Tenant mon volant à deux mains pour rester concentré sur ma conduite, je lui demandai – par télépathie – ce qu'elle me voulait. D'une voix à l'intonation apeurée et comme en état de choc, j'entendis par clairaudience : « Est-ce qu'on a retrouvé mon meurtrier ? » Comme elle me transmit des images par télépathie que j'ai vues défiler par clairvoyance, j'ai compris qu'elle avait été violée puis noyée. « Sais-tu en quelle année nous sommes ? » ai-je continué par télépathie. « 1980 ? » « Non… nous sommes en 2020. » Et elle disparut aussitôt.

J'ai gardé cette histoire pour moi, comme beaucoup d'autres, d'ailleurs, qui concernent une communication entre un défunt et moi et ne nécessitent pas d'interaction avec un tiers. La seule personne avec qui j'ai évoqué cet échange est une commerçante de mon quartier qui est devenue une amie et qui m'a dit : « Ton histoire m'a rappelé une affaire qui date des années 1980, il y avait même eu un article dans le *Midi libre*. On avait retrouvé sur la plage le corps d'une jeune fille noyée et violée tellement abîmé par l'eau de mer qu'on n'a jamais pu retrouver son meurtrier… »

Le parfum comme le clin d'œil d'un être qui vous manque

Lorsque Anna est venue me voir pour des préoccupations affectives, je m'aperçus immédiatement que son mal-être avait pris racine avec la disparition de sa grand-mère, qui l'avait élevée. Anna ne faisait pas le lien entre sa détresse émotionnelle et la mort de celle-ci, pourtant son chagrin empêchait la défunte de passer de l'autre côté. Il fallait faire accepter à Anna que sa grand-mère était décédée, pour la laisser partir tranquillement.

Il faut comprendre que les défunts baignent dans l'amour. Lorsqu'ils nous savent tristes, ils nous soutiennent de leur présence jusqu'à ce que nous parvenions à surmonter leur perte. Parfois, ils ont besoin de l'aide de médiums pour guérir, ce qui leur permet également de trouver la paix. En général, les défunts nous accompagnent durant cinq années après leur décès, car c'est souvent la période minimale nécessaire pour faire son deuil. Si ce processus s'éternise, ils peuvent intervenir de manière plus intensive pour accélérer notre guérison.

Alors que nous étions en train d'accompagner ensemble sa grand-mère sur ce chemin, Anna s'est mise à pleurer et m'a dit entre deux sanglots : « C'est incroyable, au moment où vous m'avez dit “elle part”, j'ai senti l'odeur de son parfum à plein nez, comme si elle était à côté de moi. »

Eh oui ! Anna ne pouvant percevoir sa grand-mère, cette dernière lui a envoyé son odeur, qu'elle a pu détecter par clairolfaction, pour lui signifier qu'elle était là, tout près. Souvent, ce genre d'expérience est associée à un manque affectif. Les défunts peuvent alors interagir avec nous de diverses manières. Par exemple, en nous faisant percevoir une odeur en une fraction de seconde, ou en nous plaçant à côté d'une personne portant le même parfum qu'eux, juste après que nous avons pensé à eux. Ces coïncidences sont comme des clins d'œil des défunts.

Vous êtes nombreux à avoir déjà eu ce ressenti alors que rien autour de vous ne pouvait dégager cette odeur : prenez ça comme un clin d'œil d'une autre dimension, une expérience de VSCD ! Et rappelez-vous toujours que nos capacités psychiques ne sont pas des dons seulement réservés à certaines personnes : elles sont présentes en chacun de nous, il faut seulement y être attentif et les cultiver.

Expérience de vécu subjectif de contact avec un défunt (VSCD)

Les VSCD sont des manifestations durant lesquelles nous avons la certitude qu'un proche décédé est entré en contact avec nous. S'il vous est sûrement arrivé de déceler la présence d'un proche décédé, de l'entendre ou de le voir s'approcher de vous en souriant ; de sentir son bras enlacer vos épaules d'un geste familier ou de communiquer avec lui pendant votre sommeil, vous avez, sans le savoir, expérimenté un phénomène de vécu subjectif de contact avec un défunt.

Longtemps passés sous silence, ces VSCD font aujourd'hui l'objet de recherches et de publications, parce qu'ils suggèrent la preuve matérielle, physique et scientifique que la vie après la mort existe et que les défunts sont là pour nous accompagner dans le deuil[1]. Se manifestant le plus souvent dans les jours suivant le décès, mais parfois bien plus tard, ces expériences nous rendent le sourire et nous rassurent sur la présence de nos proches : ils sont toujours là… même s'ils sont ailleurs. Par des émotions, des flashs ou des pensées, ces contacts permettent une libération énergétique subtile qui nous accompagne dans le processus de deuil.

Si vous voulez en savoir plus sur ces expériences, je vous invite à lire les travaux du Dr Christophe Fauré, éminent psychiatre, et notamment *Cette vie… et au-delà*[2], un livre troublant sur la vie après la mort, ou le best-seller de Stéphane Allix, *La mort*

1. Selon une équipe de scientifiques de l'université de Southampton, au Royaume-Uni, qui a mené en 2014 une étude sur des patients ayant subi un arrêt cardiaque.

2. Albin Michel, 2022.

n'existe pas[1], résultat de quinze années d'enquête sur les phénomènes inexpliqués autour de la mort.

Les esprits errants se trompent parfois de monde

Certains humains, une fois décédés, n'ont pas conscience d'être morts et continuent donc leur vie dans une illusion tridimensionnelle. Ces « âmes errantes » ou « esprits errants » se trouvent donc dans un monde parallèle au nôtre.

Mickael avait emménagé depuis quelque temps dans une maison, mais était gêné par une odeur persistante de tabac, notamment le soir, dans sa salle de bains. À tel point qu'il se demandait si un squatteur n'avait pas élu domicile dans les combles. Ce qui le rendait dingue, c'est qu'il était le seul à sentir cette odeur, et pas sa femme ni sa fille.

Quand il m'en fit part, une scène médiumnique me vint : un monsieur prenait son bain en fumant une cigarette. Alors je lui demandai à qui il avait acheté cette maison : « C'était celle d'un vieux monsieur qui venait de mourir », me répondit-il. « Est-ce qu'il y a une baignoire, dans cette salle de bains ? » ai-je continué. « Avant les travaux, il y en

1. Harper Collins, 2023.

avait une, mais on l'a remplacée par une douche », me dit-il, étonné que je l'interroge sur ce point précis. « Arrête de chercher. Ton vieux monsieur n'a pas encore compris qu'il était mort et il continue le cours de sa vie comme un esprit errant : il n'a pas changé ses habitudes et fume dans son bain. L'odeur que tu sens n'est rien d'autre que celle de la cigarette qu'il fume dans une autre dimension que la nôtre. »

Après avoir sorti l'esprit de son monde parallèle, et donc de la salle de bains, Mickael n'a plus jamais été dérangé par l'odeur de tabac dans sa maison.

La clairolfaction, un outil de clairvoyance future ou passée

La clairolfaction nous donne parfois des informations subtiles sur un événement à venir et qui ne sont pas vérifiables dans le présent. Vous n'avez jamais « senti » l'odeur alléchante d'un plat que vous appréciez particulièrement alors que vous êtes en chemin pour un repas chez des amis… qui vous ont effectivement préparé ce plat ? Voilà un exemple de clairolfaction.

Je me souviens d'un soir où j'ai senti, au cours d'un dîner, une odeur de brûlé. J'en ai fait part à mes voisins de table mais personne n'a fait attention à ma remarque et rien ne semblait venir de l'appartement où nous étions. La soirée a continué son cours. Vingt minutes plus tard, la femme assise à côté de moi au moment de ma clairolfaction reçut un appel de la jeune fille qui gardait ses enfants, l'informant, paniquée, qu'un incendie s'était déclaré dans son immeuble !

D'autres fois, ce sont des informations passées qui nous sont délivrées sous forme d'odeurs et nous aident à approfondir notre compréhension du monde. Comme la forte odeur de chevaux qui emplissait les salles du rez-de-chaussée d'une grande demeure que j'ai visitée récemment et dont le propriétaire me confirma qu'il s'agissait effectivement des écuries de la propriété… au XVIIIe siècle !

Lors de la visite d'une église, aussi, une forte odeur de brûlé, mystérieuse et puissante, m'avait surpris par clairolfaction. Intrigué, je me souviens que mon ami avait lancé des recherches sur Internet pour savoir si ma clairolfaction était en lien avec des épisodes passés. En effet, cette église était partie en fumée au plus noir des guerres de Religion avec femmes, vieillards et enfants.

Devenez un détective !

Amusez-vous à visiter de vieilles bâtisses ou des villes anciennes et portez votre conscience sur ce que vous pouvez ressentir des mémoires du lieu de façon subtile.

Lors de votre visite, soyez particulièrement attentif aux odeurs qui vous parviennent au fil des pièces du bâtiment ou des rues de la ville : odeur fleurie de parfum féminin ou musquée d'eau de toilette pour homme, odeurs animales ou fumet d'un repas, fumée, etc.

Profitez-en pour être à l'affût des autres aptitudes qui peuvent s'activer en complément, comme des flashs ou des sons. Si vous visitez la salle à manger d'un château et que vous distinguez l'odeur des plats de l'époque, activez tous vos sens. Laissez votre clairvoyance vous montrer dans un flash des femmes en tenues de bal, puis votre clairaudience vous envoyer la bande-son des instruments à cordes qui accompagnaient le bal. Tous ces sens additionnés vous offriront une véritable fenêtre sur le passé !

Maintenant que vous en savez plus sur les expériences olfactives psychiques, je vous propose de voyager avec moi dans les mémoires secrètes des lieux qui ont tellement de choses à nous apprendre si nous savons décrypter leurs messages subtils !

Chemin 8

Les lieux sont-ils vivants ?

Ce sujet intrigant et complexe va vous demander, chère lectrice ou cher lecteur, une très large ouverture de conscience ! Mais à cette étape du chemin, je vous sais prêt à ce tour de force. Je vous propose de mettre votre esprit rationnel de côté afin qu'il ne soit pas tenté de tout analyser. Laissez-vous simplement guider par mes mots ainsi que par l'équipe invisible qui vous accompagne au fil de votre lecture.

Vous l'avez sûrement remarqué, il existe des lieux – églises, maisons, forêts, etc. – qui nous inquiètent ou nous intimident. Quel que soit notre âge, nous avons parfois certaines réticences à y dormir ou simplement à les visiter. Si je vous interroge sur les raisons de cette gêne, vous serez nombreux à ne pas savoir quoi répondre ou à dire seulement que tel endroit ne vous met « pas à l'aise » ou que tel autre vous « fait peur », sans apporter une quelconque explication rationnelle.

Souvenez-vous : tout ce qui est matière détient une énergie qui lui est propre. Donc les lieux – comme les hommes, les animaux et la nature – dégagent aussi leur propre énergie qui va, le plus souvent, se charger des énergies qu'on lui transmet par une intention extérieure. Si vous êtes victime d'insultes ou de remarques menaçantes, vous allez immédiatement vous charger émotionnellement des intentions de votre agresseur : c'est exactement la même chose pour les lieux et les objets qui nous entourent.

Ainsi, comme nous possédons tous une aura qui rayonne autour de nous et une clairempathie innées, nous sommes capables de ressentir toutes les énergies qui circulent, dont celles des lieux.

Changer les énergies d'une pièce

Dans de nombreuses habitations – vieilles demeures familiales ou châteaux –, certaines pièces sont fermées à double tour et inoccupées en raison d'événements qu'on n'ose même plus aborder depuis parfois plusieurs décennies (c'est dans cette pièce que se trouvait le corps d'un défunt, par exemple). Au lieu d'accuser la chambre en question, qui vous ramène à cette dualité, remerciez-la, plutôt, d'avoir accueilli le dernier souffle de papi ! En effectuant une visualisation positive et d'amour envers une pièce, son énergie changera immanquablement.

Expérience n° 13

- Prenez d'abord conscience que la pièce est vivante, que les énergies qui l'habitent ne lui appartiennent pas, qu'elles ne sont que les conséquences de ce qu'elle a pu vivre.
- Posez un regard de thérapeute envers elle : arrêtez de la juger comme une victime éprise d'un quelconque mal, et trouvez-lui des intentions positives.

Les maisons sont les caisses de résonance de nos vies

Les murs enregistrent les émotions liées aux événements qui s'y sont déroulés ; chaque lieu détient ainsi son propre vécu en fonction de son passé et même de sa construction.

Je me souviens de mon ami Hugo qui m'avait appelé après son emménagement. Il souhaitait que je dédie une séance à son couple qui battait de l'aile, mais surtout à sa nouvelle maison pour vérifier si l'origine de leur problème provenait de cette habitation.

Le résultat de la séance fut sans appel : cette magnifique demeure avait été mise en vente par un couple qui s'était séparé alors que la construction était tout juste achevée. Le projet – autrement dit l'intention – initial du couple était d'y établir leur vie de famille, mais puisqu'il était tombé à l'eau avec la séparation, il avait dévié en même temps, devenant « séparons-nous, une fois la maison terminée et vendue ». Sans le savoir, cet ex-couple avait vendu une maison chargée d'une intention négative aux nouveaux propriétaires.

Effectivement, Hugo me confia que depuis leur emménagement dans cette maison, Léa n'arrêtait pas de lui dire : « Finalement, je ne veux plus de vie de famille, je crois que je suis mieux célibataire, cette maison ne nous correspond pas… » Léa était en fait sous l'influence énergétique négative qui émanait de ce lieu. J'ai donc établi un contact avec l'âme de la maison (ou son gardien, appelez-le comme vous voulez), pour lui faire comprendre que les propriétaires avaient changé et qu'ils souhaitaient une vie de famille pérenne… comme c'était l'intention initiale. J'ai également proposé à Hugo de s'adresser

– par télépathie – à sa maison pour lui dire qu'il l'aimait, ainsi que de se visualiser dans le futur avec une vie de famille afin que l'âme de l'endroit puisse changer d'intention et donc de vibration.

Aujourd'hui, Léa et Hugo vont beaucoup mieux et sont les heureux parents d'un petit garçon. Ils vivent toujours dans cette magnifique maison !

Votre maison vit, parlez-lui !

Votre lieu de résidence est vivant et je ne peux que vous recommander de lui parler et de lui envoyer de bonnes intentions.

Et si vous partiez du principe que, à l'image de vos animaux de compagnie, votre maison, vos objets ou vos plantes méritent autant de respect qu'une personne ? En agissant ainsi avec votre environnement matériel, vous lui donnez une immense valeur énergétique. Si vous dites à une plante que vous ne l'aimez pas et qu'elle est moche, vous pouvez être sûr qu'elle mourra rapidement. À l'inverse, si vous lui faites des compliments, elle sera certainement splendide ! Si vous dites à votre voiture que vous ne l'appréciez pas, je vous parie que vous allez la cabosser vite fait, alors qui si vous l'honorez, elle vous éloignera de tout danger.

Pour votre maison, c'est pareil : même si cela vous paraît étrange, au quotidien, prenez soin d'elle en choisissant avec amour votre décoration ou en veillant à la ranger régulièrement pour qu'elle soit resplendissante. En rentrant de voyage, n'oubliez pas de lui dire que vous êtes content de la retrouver !

Un cas m'a particulièrement interloqué dans ma jeune carrière, qui parle de la puissance de notre pensée sur nos lieux de vie.

C'est l'histoire de Béatrice, citadine avérée vivant depuis dix ans à Paris. Alors de passage dans le Sud où elle retrouvait sa famille le temps d'un week-end prolongé, sa sœur lui proposa de sortir. Au cours de la soirée, un jeune homme de son âge s'intéressa à elle, une relation à distance commença, et après plusieurs mois d'allers-retours, Béatrice, définitivement amoureuse, choisit de croire à la pérennité de son couple et décida de s'installer dans le Sud avec Bastien. À 35 ans, ils attendaient un enfant : c'était l'heure du choix.

Originaire d'un village où ses grands-parents, vignerons, possédaient des terres, Bastien expliqua donc à Béatrice que là, ils pourraient vivre comme des rois. Béatrice, Parisienne de cœur, hésita à se lancer dans ce projet : la vie de village ne la faisait pas rêver… Toutefois, voir grandir ses enfants à la campagne avait ses avantages et un certain charme : « Je suis d'accord pour construire notre maison et y élever nos enfants petits, dit-elle à Bastien, mais disons qu'une fois qu'ils seront ados, on déménagera en ville. » Affaire conclue. Bastien acquiesça.

Vingt ans plus tard, Béatrice et Bastien vivaient toujours dans la maison familiale… et leurs enfants étaient partis ! Mais voilà, depuis dix ans, période à laquelle ils auraient dû rejoindre la ville, Béatrice s'assombrissait et rappelait régulièrement leur projet à Bastien. Pour lui, très attaché à son village ainsi qu'à sa maison, partir était trop compliqué émotionnellement. La maison ne vivait d'ailleurs pas très bien la lassitude et la frustration de Béatrice : depuis dix ans aussi, elle ne cessait de se fissurer dans tous les sens, et Bastien avait beau faire venir des experts pour reconsolider les murs, rien n'y faisait, elle se fissurait à nouveau… à l'image de leur couple.

Vous avez remarqué des fissures récurrentes ou des problèmes à répétition dans votre habitat ? Lui aussi contient les tensions et les énergies projetées sur lui ; comme cette histoire, il peut l'exprimer sous forme physique.

Il ne tient qu'à vous de solliciter votre équipe et de soigner votre logis, au sens propre comme au sens figuré. Ainsi, il n'est pas étonnant que les personnes qui viennent chez moi ne veuillent souvent plus en partir : j'ai depuis des années mis en place plusieurs rituels avec le gardien de mon appartement. Je suis à l'écoute du lieu et le respecte. Je n'hésite pas à faire soigneusement le ménage, à réfléchir à une décoration sympathique adaptée à chaque pièce afin de le sublimer et lui dire combien je l'aime !

À force d'entendre que mon appartement est paisible et chaleureux, j'ai décidé de développer mon propre feng shui médiumnique, en m'appuyant sur les principes de cet art chinois qui consiste à harmoniser l'énergie d'un lieu afin de favoriser la santé, le bien-être et la prospérité de ses occupants.

Cultivez votre lieu de vie selon le feng shui médiumnique

Se sentir bien chez soi, ça ne s'invente pas ! Vous avez trouvé l'adresse idéale, le lieu dans lequel vous avez envie de construire votre couple ou votre vie de famille, mais êtes-vous sûr que l'aura de cet endroit possède les mêmes vibrations que les vôtres ? Eh bien, pour le savoir, posez-lui la question, et surtout, n'oubliez jamais que les murs sont vivants et qu'ils ont besoin de votre attention.

Expérience n° 14

- Avant de poser vos bagages dans une nouvelle maison ou un nouvel appartement, connectez-vous à l'âme du lieu et à son énergie en l'accueillant comme si c'était un enfant : sans jugement, sans crainte, et en vous laissant surprendre par vos ressentis (les sons, les odeurs, etc.).
- Si vous envisagez d'y faire des travaux ou simplement d'en revoir la décoration, respectez-le comme si c'était votre ami ou quelqu'un de votre famille. Adaptez les peintures ou les papiers peints, la position du mobilier et la décoration en fonction de l'énergie du lieu et soyez à l'écoute de vos ressentis dans chaque changement que vous apportez. Si une énergie lourde pèse sur une pièce, par exemple, prenez soin de la modifier avant d'en faire votre chambre ; l'expérience « changer les énergies d'une pièce » (page 176) vous explique comment faire.
- Pensez à des couleurs positives comme le jaune, symbole de joie et de chaleur, et évitez les objets pointus si vous voulez que le calme entre chez vous : choisissez des tables rondes ou ovales et privilégiez les courbes.

• Prenez le temps de considérer un à un vos bibelots et vos meubles. Certains d'entre eux n'ont peut-être rien à faire chez vous : ils sont beaux, peut-être même ont-ils une grande valeur, mais demandez-vous surtout s'ils seront bien chez vous avant de leur faire une place. Leur prix importe peu si vos meubles ne correspondent pas à l'âme du lieu.
• Vous pouvez faire des tests avec certains meubles ou tableaux : vous sentirez très vite si l'harmonie énergétique du lieu est respectée. Pour le savoir, demandez conseil par télépathie à votre intérieur : « Cette commode, où l'imagines-tu ? » Et hop, si vous avez un flash de votre salle de bains, ce n'est pas par hasard... essayez de placer cette commode près de la baignoire, peut-être y sera-t-elle parfaite ! Dites-vous que le gardien de la maison, à travers les flashs qu'il vous envoie sur l'emplacement de tel ou tel meuble, est en quelque sorte votre architecte d'intérieur.
• Nul besoin de calculs savants ni de plans millimétrés, ressentez ce qui convient à votre intérieur : suivre le feng shui médiumnique (que les décorateurs utilisent souvent sans

en avoir conscience), c'est simplement être à l'écoute de l'énergie vibratoire. À tout moment, n'hésitez pas à changer la décoration ou les meubles de place si vous ne vous sentez plus en harmonie : c'est peut-être que votre taux vibratoire a changé et qu'il faut l'adapter à votre espace.

• N'oubliez pas enfin votre jardin : votre potager qui ne donne rien… cette piscine dans laquelle vous ne vous baignez jamais… et s'ils étaient au mauvais endroit ? Demandez à votre cœur ce qu'il en pense, et faites appel à votre équipe de décorateurs invisibles, ils sauront vous prêter main-forte si vous hésitez !

Ne vous laissez pas enfermer dans des énergies néfastes

Les lieux professionnels peuvent également être sous emprise de nos pensées. Certaines intentions négatives, entre salariés notamment, peuvent créer une atmosphère pesante qui bloquera les objectifs fixés.

Lorsque plusieurs personnes se concentrent intensément sur un même sujet, elles créent un courant de pensée collectif appelé « égrégore ». C'est comme une sorte de boule d'énergie invisible qui prend forme dans nos esprits, alimentée par nos pensées et émotions partagées. Cette énergie, influencée par nos croyances, peut parfois nous dépasser. L'égrégore agit comme un réservoir, nourri par les sentiments, désirs, idéaux ou peurs de ses membres. Plus les participants sont nombreux, plus l'égrégore se renforce et peut impacter leur vie.

C'est de cette émotion collective puissante que les médias, en particulier les chaînes d'info en continu, tirent d'ailleurs leur force : diffuser des informations qui touchent des millions d'individus crée des égrégores qui bâtissent un vrai pôle d'attraction autour d'un phénomène, qu'il soit positif ou négatif. Un sujet passé en boucle toute la journée se transforme facilement en égrégore gigantesque difficile ensuite à contrôler.

C'est la raison pour laquelle les personnalités politiques, pour se faire élire, ont besoin d'un fort soutien médiatique : elles alimentent ainsi un égrégore avantageux autour d'elles, qui les mène à la réussite.

Changer un égrégore est possible, mais cela requiert une grande connaissance du sujet ; vous allez comprendre en poursuivant votre lecture.

Faites confiance à votre intuition !

Lorsque Paul, un restaurateur brillant et renommé, a pris contact avec moi, il sentait que l'atmosphère de son établissement devenait pesante et que sa clientèle s'amenuisait. Son adresse était pourtant réputée et très bien placée au cœur de la capitale : un restaurant magnifique sur deux niveaux avec un bar ainsi qu'une piste de danse au rez-de-chaussée, et de nombreuses tables à l'étage. En visitant le lieu, j'ai fortement ressenti par clair-empathie que chaque recoin détenait son propre égrégore.

Pour commencer, l'égrégore du bar semblait manipulateur, vicieux et espiègle ; il n'attirait plus aucun client, mis à part ceux ayant une énergie similaire. Les tables du restaurant, elles, détenaient chacune leur propre énergie. Je lui demandai d'ailleurs : « Tes trois tables du fond ne sont jamais occupées, n'est-ce pas ? » Surpris, il me donna raison… « Et sur ces autres tables, ajoutai-je, tu n'installes que des couples qui finissent par se disputer ? » J'avais encore vu juste.

Je lui expliquai que chaque client arrive au restaurant avec son énergie propre, et que, puisque nous sommes tous des empathes par nature, le serveur les place automatiquement et sans y prêter attention à la table du restaurant qui leur ressemble. Quand un couple mal en point arrive avec des énergies négatives, il est inconsciemment installé à une table qui renferme une énergie de tension amoureuse.

La cuisine du restaurant était elle aussi dans un égrégore stressant, voire triste. « Le chef a des problèmes personnels, on dirait… » suggérai-je. En effet, il venait de divorcer et vivait très mal sa séparation. « Il devrait aller consulter un thérapeute pour changer rapidement d'énergie, conseillai-je à son patron, car son état émotionnel personnel instaure un égrégore lourd en cuisine… Cette pièce étant le cœur de l'établissement, si elle vibre dans une atmosphère négative, cela se répercutera dans les assiettes et ton restaurant ne pourra pas bien fonctionner. »

Afin d'aider Paul à remettre son restaurant dans de meilleures vibrations, je lui demandai de me préciser quels étaient ses objectifs. Il répondit : « Je voudrais que mes clients consomment dans un lieu sain et bienveillant énergétiquement et en sortent heureux. »

Une fois le nettoyage terminé, les égrégores détruits et une nouvelle équipe invisible mise en place pour gérer l'établissement dans une énergie adaptée à ses objectifs, j'informai Paul que son restaurant était désormais pris en main par des guides spirituels en qui il pouvait avoir toute confiance. Et je conclus en partant : « Laisse-toi porter par l'énergie du nettoyage, car énormément de choses vont bouger ces prochaines semaines… » En effet, il s'est révélé que le barman jalousait Paul et volait dans la caisse. Il avait placé son énergie de manipulateur dans l'égrégore du bar, devenue vicieuse et espiègle, mais elle ne fonctionnait plus puisque je l'avais détruite et remplacée par un égrégore de joie, de bienveillance et de vitalité. Sous le regard affûté de l'équipe invisible, toutes ses manigances ont été mises au jour.

La cuisine aussi connut un gros changement grâce à la nouvelle intention fondée sur la solidarité, la créativité, le respect et la joie : l'égrégore n'étant plus le même, le chef s'est mis en arrêt maladie et deux cuisiniers ont démissionné dans la foulée. Quant aux nouvelles recrues, aucun souci : l'équipe invisible placée dans le lieu a attiré à elle des employés parfaitement adaptés aux nouveaux égrégores ainsi qu'aux objectifs du patron, vibrant dans la joie.

En quelques semaines seulement, l'établissement n'attirait plus que des clients animés par la même énergie, et pour cause ! Les tables n'étaient plus habitées par des couples sous tension et pouvaient désormais accueillir des couples amoureux et romantiques. Dans une ambiance branchée et joyeuse, les salariés ont offert à ce lieu divin une telle harmonie que Paul a même ouvert deux autres restaurants la même année !

Dans tous les endroits que nous fréquentons, les énergies invisibles et les humains cohabitent, il suffit d'y prêter attention. Soyez-y particulièrement attentif sur votre lieu de travail : votre énergie personnelle s'évapore et habite aussi l'espace où vous exercez, créant parfois des égrégores qui peuvent bloquer votre réussite.

Si un commerce, une salle de concert, un restaurant ou tout autre lieu à destination professionnelle ne fonctionne pas et que l'équipe salariale n'en porte pas la responsabilité, l'énergie négative peut venir du patron lui-même. Dans ce cas, c'est à lui seul d'en prendre conscience et d'entreprendre des soins thérapeutiques pour débloquer le lieu.

Je me souviens d'Agathe, à la tête de sa propre agence de publicité. Elle avait du mal à se faire connaître et ne parvenait pas à développer sa clientèle alors qu'elle maîtrisait parfaitement son sujet. Son problème ? Elle voulait être partout à la fois, contrôler ses employés, et avait du mal à leur faire confiance. Cette façon de fonctionner avait créé au sein de l'agence un égrégore qui pourrait se résumer ainsi : « Agathe commande et sait faire, tandis que vous, les autres, n'êtes pas au niveau. »

J'ai entrepris avec elle une thérapie longue, étendue sur huit mois, pour qu'avec mon aide elle se sente capable de changer d'état d'esprit et que son agence fonctionne. Grâce à une nouvelle vision d'elle-même et un état d'esprit plus ouvert, son agence porte aujourd'hui un égrégore bienveillant, moderne et branché, qui lui a permis de se faire une place de choix parmi les agences de pub les plus harmonieuses et prestigieuses.

Les lieux et leur mémoire passée

Vous l'avez compris, les lieux se chargent de toutes les énergies que nous émettons. Mais ils peuvent aussi rester porteurs des mémoires de leur passé, et pas toujours avec des conséquences favorables…

Un été, de passage chez des amis propriétaires d'une magnifique résidence secondaire, je me suis assoupi au bord de la piscine en me nourrissant des énergies du soleil. Comme celles du vent, de l'eau et de la Terre, l'énergie solaire augmente notre vitalité et notre bien-être. En état de somnolence, notre esprit rationnel et notre temps linéaire disparaissent, je suis donc sorti totalement du temps présent. J'ai soudain basculé dans une dimension passée de ce lieu et me suis retrouvé… sur un champ de bataille. Des hommes barbus, à l'odeur infecte, s'entretuaient à coups de hache et d'épée sous mes yeux. Cette transition dans le passé a duré quelques secondes, puis un soldat a foncé sur moi, me faisant immédiatement revenir dans l'instant présent, c'est-à-dire mille ans plus tard.

Une fois revenu à moi, j'ai entendu les enfants de mes amis se battre dans le jardin et l'une de leurs mères crier : « C'est fou, chaque fois qu'on vient ici, ils finissent toujours par se bagarrer ! » Évidemment : les enfants étaient sous l'influence énergétique des mémoires passées. Toujours allongé sur mon transat, sans dire un mot et par la force de ma pensée, j'ai alors renvoyé ces mémoires au passé afin qu'elles y restent figées, permettant aux enfants de se calmer.

Au moment de partir, l'un d'eux m'a d'ailleurs lancé : « Au revoir, magicien ! » J'étais pourtant le seul à savoir ce que j'avais fait… Les enfants m'impressionneront toujours !

Impossible néanmoins de vous expliquer comment j'ai réussi à évacuer ces mémoires ; je vous avoue que je possède des facultés psychiques que je continue de découvrir au fil de ma pratique. Aucun livre n'en parle et je ne suis pas encore en mesure de les analyser ni de les transmettre, mais je les explore un peu plus tous les jours, afin de les maîtriser.

Les présences invisibles peuvent-elles vous rendre visite ?

Si l'idée de voir l'invisible faire irruption entre vos murs vous effraie – et vous êtes nombreux dans ce cas –, je tiens à vous informer que s'il le fait, c'est à la vitesse de votre pensée (ou à celle d'un éclair). Je vous entends gamberger d'ici dans votre esprit rationnel : « Oh, non, non ! Hors de question qu'il pénètre chez moi ! » Certains d'entre vous se barricadent de protections en pensant bloquer toute intrusion extérieure. Le souci, c'est qu'en agissant ainsi, vous dites haut et fort aux présences invisibles que vous avez peur d'elles et donc que vous refusez leur aide. La majorité d'entre elles ont des activités bien plus importantes et positives que vous ne le croyez, et n'entrent chez vous que pour vous aider : elles veulent purifier votre salon ou votre chambre, voire prodiguer des nettoyages énergétiques durant votre sommeil. Imaginez un instant que je mette chez moi des protections contre elles : comment pourraient-elles me faire les mises à jour nécessaires ou préparer ma journée à venir ? Avant de m'endormir, j'ai pour habitude d'appeler mon équipe de lumière pour lui demander, entre autres, de me préparer à la journée qui m'attend. Je peux vous garantir que le matin, une fois levé, j'ai la sensation d'avoir déjà vécu la journée, me permettant donc de ne subir aucun stress.

Au lieu de vous enfermer dans la dualité, je vous propose plutôt d'accepter l'amour et l'attention que ces présences invisibles vous apportent depuis l'Univers. J'ai conscience que ce chemin n'est pas facile à faire, car la peur de l'invisible est très ancrée dans nos esprits rationnels, mais si vous voulez réellement évoluer vers l'éveil, ces temps sont révolus : ouvrez grand la porte aux présences invisibles !

Chérissez les fantômes de votre enfance

Les superproductions américaines nous ont bel et bien manipulés en jouant avec nos peurs. Dans les films paranormaux, les personnages fuient leur maison et la maudissent en réclamant de l'aide à qui voudra bien les croire. Je ne compte plus les personnes qui m'appellent en détresse, m'affirmant qu'un fantôme vit chez eux… Je dois dire que je les comprends parfaitement, car on ne déconstruit pas aussi facilement une croyance ancrée dans notre culture et notre éducation. Mais croyez-moi, il est temps de changer de prisme !

Je vais m'attarder un moment sur mes expériences personnelles en rapport avec les différents lieux où j'ai vécu et passé du temps, car le médium, depuis l'enfance, attire facilement à lui les présences invisibles, notamment celles liées aux lieux.

La maison dans laquelle j'ai grandi, pourtant construite par mes parents, était régulièrement visitée par des entités venues d'autres dimensions. Elles venaient non pas pour la maison elle-même, mais pour m'observer et me montrer par clairvoyance l'existence de l'invisible. Certains êtres invisibles étaient simplement curieux et n'attendaient rien de moi. D'autres, en revanche, étaient des défunts en détresse, bloqués entre deux mondes, qui avaient besoin de mon aide pour passer de l'autre côté. Pourquoi moi ? Parce que, sans le savoir, je possédais déjà la fréquence énergétique d'un passeur d'âmes.

D'autres présences invisibles ne prenaient pas une forme humaine mais des apparences diverses – que je percevais toujours par clairvoyance –, et venaient à moi uniquement quand j'étais seul. En grandissant, étant moi aussi sous l'influence des films paranormaux, j'ai fui ma chambre et préféré dormir dans celle de mon frère. Ma mère pensait que c'était une conséquence de notre gémellité, mais pas du tout… C'était seulement pour échapper au défilé qui rythmait mes nuits !

Il m'était d'ailleurs compliqué de vivre avec cette terreur nocturne car étant en pleine préadolescence, comment pouvais-je avouer que je voyais des fantômes dans ma chambre ? Lorsque j'en parlais à ma mère, j'étais systématiquement moqué ou renvoyé à mes « caprices d'enfant » alors que mon angoisse ne cessait de croître. Je sais aujourd'hui que les enfants détenant ma particularité ont une aura qui vibre comme un phare en direction des autres dimensions…

Lorsque j'ai eu 16 ans, mes parents nous ont installés, mon frère et moi, dans un appartement afin d'être à proximité du lycée. Là, ce n'est plus seulement ma chambre mais l'appartement tout entier qui est devenu un lieu de passage des entités invisibles. Mais à cet âge-là, j'avais déjà pris pleinement conscience de mes facultés médiumniques. J'étais accompagné par des maîtres spirituels qui m'enseignaient de nombreuses techniques. C'est notamment grâce à eux que j'ai compris qu'il m'était possible de mettre un cadre à l'invisible. En effet, ça ne m'intéressait pas d'être sollicité en permanence par les défunts ; j'ai donc informé mon équipe invisible que j'acceptais seulement les défunts qui souhaitaient transmettre un message aux vivants.

J'ai décidé d'aider les vivants plutôt que les morts, car je crois fermement que si chacun de nous était éveillé de son vivant, il y aurait moins de travail à faire avec les âmes passées de l'autre côté. C'est un choix assumé et qui n'engage que moi. D'autres médiums font le choix inverse, et tant mieux, il en faut ! Depuis que j'ai pris cette voie, mes lieux de vie ne ressemblent plus à des halls de gare vers l'au-delà, et je peux enfin me consacrer pleinement à l'accompagnement des personnes qui me consultent.

Si l'invisible fait surface dans un lieu où je me trouve, je sais qu'il vient de l'endroit lui-même. Je me souviens notamment d'un week-end dans le château familial de mon ami Étienne où je n'avais presque pas fermé l'œil de la nuit. En effet, au moment de m'endormir, j'ai entendu une voix grave me murmurer par clairaudience : « Qui êtes-vous ? Que faites-vous chez moi ? » Un monsieur me fixait au pied du lit. Refusant d'entrer dans les négociations à 3 heures du matin, je me suis mis dans ma bulle afin que le fantôme du lieu ne sente plus ma présence et que je puisse dormir quelques heures.

Le lendemain matin, au petit déjeuner, je fis part à Étienne de ma drôle d'aventure nocturne. Il me confirma mes ressentis : « Il est vrai qu'ici, il y a comme des présences, que les portes s'ouvrent toutes seules et qu'on se sent observé dans certaines pièces, même quand on est seul. Mais cette maison appartient à ma famille depuis trois cents ans, et j'aime bien l'idée de vivre en coloc avec mes ancêtres ! » m'a-t-il confié dans un sourire.

J'ai compris pourquoi j'avais accepté son invitation : mon équipe invisible me faisait comprendre que je devais libérer ce château. Alors je fis part de mon ressenti à Étienne : « Tu sais, tes aïeux n'ont plus leur place ici. Le passé c'est le passé, vouloir vivre avec fierté accompagné des six générations qui te précèdent ne sert strictement à rien, sauf à les retenir prisonniers dans ce château alors qu'ils doivent vivre d'autres choses ailleurs… » Ce qu'il me concéda sans protester : « Tu as sûrement raison, je ne fais que reproduire une pratique familiale, par mimétisme, sans me demander si cet endroit me correspond vraiment, en vivant dans cet héritage. Disons que depuis des générations, on nous a mis en tête de conserver ce château dans la famille, mais c'est vrai que rien ne m'oblige à suivre une telle règle… particulièrement coûteuse et contraignante, d'ailleurs. »

Cette révélation me confirma doublement la raison de ma présence : sans le savoir, Étienne était sous l'emprise de ses ancêtres. En libérant ce lieu, il serait lui aussi libéré. Mon ami le formula lorsque je lui proposai de remettre tout le monde à sa place afin qu'il puisse enfin vivre pleinement : « Avec joie ! Tu as mon accord sur tout. Libère-moi de ce château. »

Le nettoyage a duré quarante-huit heures, soit l'intégralité de mon séjour ! J'ai d'abord recherché dans la généalogie familiale celui qui avait posé l'intention de départ, à savoir de conserver le château dans la famille. Comme par hasard, c'était Henri, celui qui m'avait empêché de dormir. Après avoir établi le contact médiumnique, je lui ai annoncé qu'il était mort et que sa demeure n'avait plus besoin de sa présence. Nous n'étions plus au XIXe mais au XXIe siècle : aujourd'hui, posséder un château peut être davantage un fardeau qu'une fierté si on ne l'a pas choisi… Fort de ces informations, Henri décida de me faire confiance et de suivre le vortex – portail invisible – que je venais d'ouvrir afin de retrouver la lumière. Je fis de même avec les autres ancêtres d'Étienne, et une fois tous les fantômes passés de l'autre côté, je purifiai le château des mémoires accumulées au fil des siècles, pour couper définitivement les liens toxiques qu'Étienne entretenait avec lui.

Quand le nettoyage et la purification du lieu furent réalisés, j'accompagnai Étienne de pièce en pièce afin qu'il les ressente par clairempathie. « C'est dingue, m'avoua-t-il, j'ai l'impression de visiter cet endroit pour la première fois ! Tout m'y semble différent. » C'est précisément le but d'une réharmonisation d'un lieu.

Après quelques mois, Étienne m'informa qu'il projetait de vendre le château et de s'acheter une maison dans le Sud, dominant la mer. Grâce à mon nettoyage, il s'était senti libéré de sa contrainte de châtelain et allait enfin pouvoir penser à lui sans l'influence pesante de ses ancêtres.

Ouvrez un vortex pour les entités

Un vortex est un passage permettant l'accès d'une dimension à une autre, un peu comme un portail ouvert sur le ciel. Pour aider les entités à passer de l'autre côté, il suffit de visualiser ce vortex grand ouvert. De part et d'autre, pensez à des êtres invisibles, qu'on appelle les « anges du passage », qui vont aider l'entité à quitter la Terre, comme dans une sorte de sas entre ici et là-bas.

Expérience n° 15

- Commencez par expliquer à l'entité en question qu'elle est décédée et qu'il est temps pour elle de passer de l'autre côté, où l'attendent les anges. Vous pouvez dire tout haut : « Tu es mort, je t'ouvre ce vortex. »
- N'oubliez pas de refermer le vortex une fois le processus terminé, sinon vous risquez d'y voir s'engouffrer toutes les âmes errantes de passage. Par la visualisation, imaginez simplement que le portail se referme et que plus personne ne peut y entrer ou en sortir.
- Terminez en remerciant les anges du vortex qui veillent sur son ouverture et sa fermeture et visualisez la disparition du vortex.

Quand les fantômes sont bloqués dans un lieu

Après une enfance tumultueuse à me sentir différent et incompris, le lycée fut le terrain de jeu idéal pour expérimenter les facultés dont je prenais pleinement conscience et… décrocher aisément mon bac avec mention en devinant les sujets à l'avance ! Mon orientation, cependant, fut un enjeu important, la plateforme Parcoursup ne proposant pas de case « médium ». « D'ailleurs, est-ce un métier ? » se demandaient mes professeurs, mon père et ma mère. En l'absence de réponse, et parce que j'étais bon élève, le proviseur et mes parents m'ont finalement convaincu de m'inscrire en fac de droit : ces études m'aideraient à devenir un bon orateur, à argumenter, et m'ouvriraient des portes.

J'allais donc me retrouver à Paris, dans une faculté prestigieuse à suivre des cours qui ne m'intéressaient pas et auxquels je finirais par ne plus assister. Deux mois suffiraient pour me convaincre que la vie parisienne est pleine de surprises – et de relations à entretenir pour ma future carrière de médium –, mais en attendant, il fallait bien que je trouve un logement.

À 18 ans, donc, mon bac en poche, en pleine rentrée universitaire, trouver un appartement est une tâche pour le moins ardue. Mais me sachant épaulé par mon équipe invisible, j'étais plutôt confiant. Je les chargeai de me trouver l'appartement correspondant à mes exigences, c'est-à-dire plutôt spacieux, près du centre pour m'éviter les déplacements en métro, et pas trop cher... un vrai mouton à cinq pattes ! Pourtant, moins de deux semaines plus tard, la perle rare se présenta : un joli deux-pièces rue Saint-Germain-l'Auxerrois, en plein cœur du 1er arrondissement, et pour un budget compétitif.

Amusez-vous à regarder sur un plan de Paris : c'est pile au centre de la ville ! À une rue de chez moi, les quais m'attendaient au sud pour un footing, ou la rue de Rivoli au nord avec ses commerces. Le Marais et ses brunchs du dimanche, eux, se situaient à peine plus loin…

Lors de ma visite de l'appartement, croisant une trentaine de personnes aussi intéressées que moi, j'étais résolu à sortir vainqueur de la bataille et confiai mon dossier à l'agence en chargeant mes guides spirituels de mener à bien ma candidature.

Le soir même, alors que je dormais chez ma tante qui m'accueillait à Paris le temps de mes recherches, je me rêvai dans l'appartement. Face à moi, une petite fille, de dos, était en train de pleurer. Je mis délicatement la main sur son épaule afin de voir son visage, et c'est une jeune défunte apeurée qui me fit face. Je la sentis sous l'emprise d'une entité démoniaque qui me chuchota à travers elle : « Tu vas être mon nouvel ami. » Instantanément, je fus réveillé par une main qui saisit ma jambe, comme pour me sortir d'un mauvais pas ; sûrement un membre de mon équipe invisible.

Le lendemain matin, je racontai à ma mère cet étrange épisode nocturne : « Il y a une petite fille défunte bloquée dans l'appartement, sous l'emprise du bas astral. Tu verras, mon dossier va être retenu. » Et ça n'a pas loupé : à la fin de la semaine, j'avais signé le contrat et récupéré les clés de mon premier appartement !

Le jour de l'état des lieux, j'apportai tout le matériel adapté pour pratiquer la purification de mon nouveau chez-moi. Une fois seul, j'appelai mon équipe invisible, afin de procéder au nettoyage.

Assis sur une chaise placée au centre de l'appartement, je fermai les yeux et basculai sur la fréquence parallèle de cette petite fille. Ma clairaudience s'activa en premier : les cloches d'une église sonnèrent, suivies de hurlements. Par clairvoyance, une succession de flashs me montra cette petite fille, habillée comme une bergère, avec un tablier blanc et coiffée de deux tresses. Elle était cachée sous un tas de paille, quand soudain, une torche à la main, un homme menaçant s'approcha, la tuant de sang-froid à coups de couteau.

Aux différents indices que je repérais autour de moi, je compris que ce massacre remontait à fort longtemps : je me trouvai au milieu d'une étable jonchée de foin et la petite fille, comme son assassin, était vêtue d'un style d'une autre époque.

Une fois imprégné de ces informations, je revins dans le présent pour retrouver la petite fille, qui n'était absolument pas consciente de l'existence de mon appartement ni du temps écoulé. Elle se croyait toujours cachée dans cette étable où elle avait cru trouver refuge. C'est une confusion assez commune que font les esprits errants : ils perdent la notion du temps. En la libérant du démon, en la rassurant, j'ai pu lui ouvrir un vortex pour qu'elle se déplace dans la fréquence qui lui convenait.

Assis sur ma chaise, je revins à moi, puis fis disparaître toutes les énergies des mémoires vécues accumulées avant ma venue, afin de retrouver un lieu de vie sain.

Quelques jours plus tard, je n'ai pas été surpris, en écoutant le récit que me fit Marion, ma nouvelle voisine du dessus, lorsque je l'interrogeai sur les anciens propriétaires : « Cet appartement, c'est une catastrophe ! Il y a eu des cambriolages, le chauffe-eau a failli tuer l'ancien locataire en tombant à quelques centimètres de sa tête, il y a eu sans arrêt des infiltrations d'eau, etc. »

Et j'en sus un peu plus encore, cette fois de la bouche d'un historien à qui je racontai ma rencontre, qui me précisa : « Ton histoire est parfaitement cohérente avec cette rue dans laquelle tu vis : le sanglant massacre de la Saint-Barthélemy a pris naissance rue Saint-Germain-l'Auxerrois, et les cloches que tu as entendu sonner, ce peut être le tocsin de l'église du même nom, annonçant le massacre… »

Votre maison peut-elle être sous l'influence d'un objet ?

Si vous avez vu le film *Annabelle*, où une maison se trouve sous l'influence d'une poupée hantée, vous savez déjà que dans certains cas, les objets peuvent contenir un passé chargé de mémoires lourdes. Même si, encore une fois, cette superproduction déforme et amplifie la réalité, des cas similaires existent bel et bien.

Marie, une adolescente de 14 ans, n'arrivait pas à dormir dans la chambre qui lui était destinée chez ses grands-parents. C'est Josette, sa grand-mère, qui me fit venir pour constater ce qui n'allait pas dans cette pièce. Une fois sur place, je la priai de sortir afin de ne pas être influencé par ses énergies à elle. Comme dans mon appartement parisien, je fis appel à mon équipe invisible chargée de m'accompagner dans les lieux. Par clairempathie, je ressentis dans l'énergie de la pièce les mémoires et disputes du passé qui surgissaient, mais rien d'alarmant. En me focalisant sur les objets, je m'arrêtai sur une armoire qui couvrait l'un des murs. En posant ma main sur la porte afin de percevoir par clairvoyance son vécu (technique aussi nommée « psychométrie »), le meuble me révéla ses mémoires par une succession de flashs. Il me montra un petit garçon apeuré qui s'y cachait : pas étonnant qu'elle soit chargée de peur et d'angoisse, et que Marie ne se sente pas bien dans cette chambre.

En retrouvant Josette, je lui fis part de mes ressentis. Elle m'expliqua que cette maison, comme toutes les belles maisons du village, avait été confisquée par les soldats allemands durant l'Occupation. Son père lui racontait souvent qu'ils avaient été violents avec ses parents. Se serait-il caché dans l'armoire pour échapper à des altercations ? C'est fort possible !

J'ai donc purifié l'armoire de son passé afin de la rendre comme neuve à Marie pour qu'elle retrouve enfin le sommeil.

Interprétez l'âme de vos objets

La psychométrie est une technique médiumnique pour découvrir des informations contenues dans un objet. Elle se pratique le plus souvent par le toucher, lorsque nous sommes en contact avec l'objet en question, comme s'il était possible de « lire » en lui.

Nous prendrons ici l'exemple d'un bijou de famille, comme une chevalière, transmise de génération en génération, mais vous pouvez répéter l'exercice avec tout objet dont vous souhaitez connaître l'histoire.

Expérience n° 16

- Centrez-vous d'abord, les pieds à plat au sol, connecté au ciel et à la Terre afin de devenir un canal d'information.
- Une fois le calme et la sérénité trouvés, ce qui vous indiquera que vous êtes en état cérébral alpha, placez délicatement le bijou au creux de l'une de vos mains. Elle devient un portail de décryptage d'informations sur votre objet.
- Avec amour, respect et bienveillance, demandez à l'objet par télépathie ou à voix haute : « Délivre-moi ton histoire. »
- Les yeux ouverts ou fermés, laissez votre main transformée en portail de décryptage vous transmettre les mémoires de l'objet.
- Sans attente particulière, laissez les informations monter le long de votre bras jusqu'à votre glande pinéale (page 78) et déployez tous vos sens psychiques afin d'accueillir un maximum de messages : sons, flashs, odeurs, ressentis…

• Une fois l'exercice terminé, avant de le retirer de votre main, remerciez l'objet de vous avoir transmis son histoire.

Certains objets sont tellement chargés de mémoires lourdes et puissantes qu'ils détiennent encore parfois les émotions de leurs propriétaires précédents. C'est pour cela qu'il est important de nettoyer les charges énergétiques et les mémoires de l'objet à l'aide de la flamme violette (nous en verrons les bienfaits au prochain chapitre). C'est aussi le cas de certains lieux qui nécessitent un travail de nettoyage dont je vous explique ici le procédé.

Réharmoniser les énergies de votre habitat

Avant de vous installer dans un lieu ou de le quitter, mais aussi lorsque vous ne vous y sentez plus très bien, n'hésitez pas à procéder à un nettoyage méticuleux de l'espace, dans une pièce ou tout l'appartement (ou la maison). Ce rituel permet de remettre à zéro les énergies, mais aussi de supprimer les intentions et les égrégores qui ne vous appartiennent pas (ou plus). Votre lieu de vie, c'est votre temple : il est important de vous y sentir apaisé.

Comme vous qui changez au gré des expériences et des années, votre lieu de vie doit être adapté à vos intentions et à votre énergie.

Expérience n° 17

• Recentrez-vous grâce à « l'expérience d'ancrage » (page 35). Puis connectez-vous à la Terre et laissez l'énergie rouge terracotta du magma monter en vous, des pieds à la tête. Vous êtes debout, les bras pliés de part et d'autre du corps, les avant-bras levés et les paumes ouvertes vers le ciel.
• Appelez votre équipe du ménage énergétique, en verbalisant à voix haute votre intention : « Je souhaite nettoyer ce lieu pour m'y sentir en harmonie. »
• Accueillez humblement cette nouvelle énergie en vous, qui s'étend à l'ensemble de votre aura.
• Par le biais de vos mains, visualisez comme des lasers rouge terracotta sortir de vos paumes. Si vous sentez une chaleur subtile, cela signifie que l'énergie est bien là.
• Pour procéder au nettoyage, déplacez-vous dans l'espace en bougeant vos mains lasers

de droite à gauche (c'est le sens des énergies). Si vous réharmonisez l'ensemble de votre habitation, commencez par l'entrée. Veillez à garder les portes et fenêtres fermées pour que les énergies ne s'échappent pas et restez bien focalisé sur votre intention (n'hésitez pas à la répéter à haute voix tout au long du nettoyage).

• Inutile de coller vos mains aux objets ou de les passer sous chaque meuble, l'efficacité de ce nettoyage va bien au-delà du petit périmètre de vos paumes. Vos lasers sont extensibles et traversent la matière : visualisez qu'ils peuvent transmuter et neutraliser vos pièces, sous le sol, l'intérieur des murs, etc. Soyez néanmoins attentif à tous les angles (dans les coins, l'énergie s'accumule), et passez bien partout pour neutraliser les mémoires négatives, les mauvais souvenirs (le canapé du salon où vous avez tendance à ruminer, le lit dans lequel vous avez passé du temps à vous disputer avec votre ex, etc.).

• En associant le verbe et le geste à votre pensée, envoyez au lieu toutes les énergies nécessaires au changement et au grand nettoyage.

• Si certains lieux restent inaccessibles, comme les combles ou les caves, imaginez-les par clairempathie et posez dessus votre intention. Pensez aussi à détruire les murs éthériques : certaines cloisons ont pu être cassées (pour relier deux pièces ou ouvrir une cuisine sur le salon, par exemple), mais l'énergie peut se retrouver bloquée comme si les murs étaient encore là. Vos lasers invisibles feront tomber les murs éthériques et vous vous sentirez mieux.
• Après ce travail énergétique, les compteurs du lieu sont remis à zéro, et il n'y a plus ni bonnes ni mauvaises énergies. Il ne reste plus qu'à faire remonter le taux vibratoire dans l'intention souhaitée pour chaque pièce : dans le salon, une énergie apaisante et douce ; dans la cuisine, de la créativité ; dans le salon, de la convivialité et de la fête ; dans le bureau, du calme et de la réflexion ; dans la chambre, de la sexualité et du repos, etc. N'hésitez pas à matérialiser chacune de ces intentions dans une bougie que vous allumez dans la pièce en question. Vous pouvez aussi charger le lieu avec de la musique à 432 hertz, ou des chants grégoriens qui incarnent la vibration céleste (vous en trouverez facilement sur Internet).

Une fois tout ce travail terminé, vous pouvez rouvrir vos fenêtres et appeler les êtres de lumière pour vous aider à rendre divin votre lieu de vie et à y ajouter quelques finitions. Vous allez ressentir un bien-être immense dans votre appartement ou votre maison : harmonie, équilibre, paix et bonheur y seront au rendez-vous. Et soyez-en sûr, vos invités aussi ressentiront la transformation !

Chemin 9

Magnétisme : l'énergie de l'invisible au service de votre bien-être

Outre son intuition exacerbée, ses dons de voyance et sa capacité à ressentir des phénomènes imperceptibles pour la plupart des humains, le médium détient un autre atout : le magnétisme, qui lui a valu d'être respecté et reconnu bien avant l'avènement de la médecine moderne, qui l'a souvent discrédité, voire qualifié de charlatan. Ce n'est qu'une fois morts et enterrés que certains hommes d'Église détenant de grandes capacités médiumniques ont été finalement reconnus comme tels ; ce fut notamment le cas du célèbre Padre Pio, dont je vous ai parlé au début du livre, qui sauva « miraculeusement », dit-on, de nombreux malades.

Magnétiseur de génération en génération ?

Les magnétiseurs, pourtant, se sont faits discrets pendant des siècles, car détenir un tel pouvoir entre leurs mains, c'était oser être « différent ». Or, la différence, parce qu'elle représente ce qu'on ne connaît pas, fut longtemps considérée comme étant l'incarnation du mal.

Ce fut le cas de ma trisaïeule, connue dans son village du sud de l'Andalousie pour ses talents de magnétiseuse. Elle s'exposait à de nombreuses critiques qui lui ont valu le surnom de La Bruja, « sorcière » en espagnol. C'est pourquoi, durant des générations, ses prières et techniques ne se transmettaient qu'au sein de la famille, afin de ne pas éveiller de soupçons.

Si certains anciens disent encore que leur grand-mère leur a « transmis son don de guérison », il ne s'agit en vérité que d'une croyance : tenir ce genre de discours les rassure, car en acceptant de croire qu'ils ont « reçu » ce don, ils ne font que répéter ce que faisait déjà leur aïeule... Ils sont donc normaux.

Pourtant, nul besoin de recevoir quelque don que ce soit en héritage puisque nous possédons tous cette capacité. Invisible, d'une forme semblable à celle d'une fleur de lotus, le magnétisme loge au creux de la paume de notre main et s'active de façon consciente ou inconsciente[1].

De l'ancrage avant tout

J'ai compris très tôt que je détenais un pouvoir de magnétisme, car mes mains d'enfant dégageaient une chaleur qui déclenchait des picotements ; la circulation sanguine, au niveau de ma paume, formait même de petites taches blanches légèrement visibles. Je me souviens que cela m'intriguait, j'en profitais pour placer mes mains sur des endroits douloureux de mon corps pour voir ce que ça pouvait me faire. J'ai aussi transmis à de nombreuses reprises cette énergie à mon chat en le caressant. Je n'avais pas vraiment conscience de ce que je faisais, mais je savais que je devais poser mes mains quelque part.

Dans la paume de nos mains, comme dans la plante de nos pieds, se situent des chakras qui permettent à l'énergie du corps de sortir, entraînant une circulation énergétique fluide. C'est pourquoi

1. J'attire votre attention sur le fait que le magnétisme est un soin holistique qui peut accompagner le patient dans une démarche de bien-être, mais ne remplace en aucun cas les traitements de médecine traditionnelle.

l'ancrage du magnétiseur est primordial pour transmettre les énergies dont une personne a besoin.

Expérience n° 18

Réaligner les énergies qui parcourent notre corps n'a rien de bien compliqué. Il suffit d'avoir les pieds bien à plat sur le sol et de prendre conscience que l'énergie entre par le haut de notre tête, circule dans notre corps et sort par nos pieds pour aller se consumer dans le magma.

Puisque vous maîtrisez désormais le pouvoir de l'intention, c'est le moment de devenir votre propre consultant et de vous remplir d'énergies positives en chassant les mauvaises ondes.

Après plusieurs minutes de concentration, vous ressentirez immanquablement un effet positif sur l'ensemble de votre corps.

Vous vous êtes apporté de l'amour et de l'attention : c'est tout le bien que je vous souhaite.

Le pouvoir de l'intention

Comme le médium, celui qui pratique le magnétisme devient un canal entre l'invisible et le visible. Il est à la fois l'intermédiaire et la source de transmission de l'énergie céleste capable de soulager un corps physique en souffrance.

Encore faut-il, pour obtenir un résultat, accepter l'idée que l'énergie possède un pouvoir une fois qu'elle est chargée de cette intention. Cette pensée, complétée de l'intention positive, améliore notre état de santé et notre vitalité. Mais attention ! Le pouvoir de l'intention est si puissant qu'il peut avoir l'effet inverse et, plutôt que de vous soulager, vous rendre malade…

Lorsque nous sommes enfants, il n'est pas rare que nous n'aimions pas une personne de notre entourage en raison simplement de sa fonction (médecin, maîtresse, etc.). À l'âge de 8 ans, je n'ai pas dérogé à la règle, mais si ma maîtresse me déstabilisait, c'est parce que je sentais cette femme malheureuse. Au plus profond de mon être, je ressentais sa détresse psychologique, sa tristesse, et cela m'angoissait terriblement.

Chaque dimanche soir, j'appréhendais de la retrouver le lendemain pour une nouvelle semaine. À tel point qu'un jour, puisque je savais quelle était l'unique option qui s'offrait à moi pour ne pas aller à l'école, j'ai imploré le ciel, avec une formidable force de pensée, pour que je tombe malade.

Durant la nuit, j'ai été pris d'une fièvre vertigineuse qui m'a cloué au lit : une grosse angine blanche m'a contraint à rester couché pendant une semaine ! Et cela ne tient pas du hasard : puisque je n'osais pas dire à mes parents que je n'aimais pas ma maîtresse, je suis tombé malade au niveau de la gorge, exprimant ainsi ma peur de communiquer.

La « mal-a-dit » et la « doux-leurre » : votre corps s'exprime, écoutez-le

Les maladies et les blessures proviennent, pour beaucoup d'entre elles, de blocages émotionnels, conscients ou inconscients. C'est ce que démontre le psychothérapeute Jacques Martel dans son *Grand Dictionnaire des malaises et des maladies*[1]. Celui qui transmet l'énergie de guérison par son toucher doit donc impérativement faire sortir le mal de la « mal-a-dit » en laissant son patient s'exprimer ou en allant chercher lui-même les informations pour le faire parler.

1. Éditions Quintessence Holoconcept, 2007.

Certains magnétiseurs prennent l'initiative de soulager le mal à l'aide de leurs mains, en absorbant les énergies à l'origine des maux de la personne. Mais cette méthode qui soulage des pathologies dont l'origine est reconnue comme étant largement psychologique (trouble du sommeil, problème de peau, douleurs musculaires, baisse du système immunitaire, etc.) ne peut être efficace que si le patient lui-même est conscient de ses maux et accepte de travailler dessus en conscience. Sinon, immanquablement, les maux viendront s'exprimer à nouveau, quel que soit le talent du guérisseur.

Patrice, pour soigner un eczéma sévère, était suivi depuis l'enfance par un magnétiseur. Cependant, quelques mois après chaque séance, les plaques réapparaissaient immanquablement. Lorsqu'il m'a fait part de son découragement, je lui ai expliqué que son eczéma revenait parce qu'il n'avait pas réglé le dysfonctionnement émotionnel qui le provoquait. Après quelques séances ensemble, il m'a révélé la tristesse et la rancœur qu'avait provoquées en lui le départ de son père ; cet abandon était la cause d'un mal-être intérieur dont il souffrait depuis cinquante ans.

On tenait l'origine de son trouble ! Son père était parti pour une autre femme alors qu'il était âgé de 3 ans, sans considérer Patrice comme son fils. Sa peau exprimait sous forme d'eczéma le manque d'amour et de reconnaissance de son père. Les démangeaisons intenses étaient bien le symptôme du rejet vécu par son enfant intérieur. Durant toutes ces années, Patrice croyait s'être fait une raison et que cet abandon n'était plus d'actualité. Pourtant, son corps exprimait bel et bien le contraire par cette « doux-leurre » : je crois surmonter mon amertume ou ma souffrance, mais ce n'est qu'un leurre parce que je me cache la vérité.

Après un long travail sur lui-même, une fois Patrice apaisé et reconnaissant envers son père de lui avoir donné la vie, son eczéma n'a plus jamais refait surface !

Pour vous aider à comprendre le rôle de la parole dans la pratique du magnétiseur, je vous raconte l'histoire de Joanna, venue me rendre visite pour un soin énergétique suite à une rupture difficile.

En scannant par clairvoyance cette jeune femme anéantie, j'ai constaté que la douleur émotionnelle de sa rupture s'était immiscée dans son corps physique et je l'invitai donc à s'étendre sur ma table pour un soin en magnétisme destiné à lui éviter de développer une inévitable « mal-a-dit ».

Une fois qu'elle fut allongée, je pris soin de m'ancrer dans le sol avant d'appeler l'équipe invisible adaptée au soin approprié. Laissant le flux énergétique de mes guides me pénétrer, j'ai commencé par filtrer les couches de l'aura de Joanna afin d'en fluidifier la vibration. Après ce premier travail, j'ai placé mes mains sur ses chevilles pour lui transmettre l'énergie de la Terre dont elle avait besoin – il faut toujours commencer par le bas du corps. Mes mains chauffaient, ma clairvoyance et ma clairaudience se sont activées : je perçus rapidement Joanna pleurer, dans le passé, en raison d'un adultère.

Je l'interrogeai : son ex-compagnon l'avait-il trompée ? D'un hochement de tête, elle acquiesça et se mit à pleurer. Mes mains sur ses chevilles chauffaient de moins en moins, quand je perçus par clairvoyance son chakra du cœur et les déplaçai donc sur celui-ci, au niveau du plexus. À nouveau, je sentis l'énergie céleste circuler intensément. Comme Joanna pleurait de plus en plus, visiblement réceptive à mon magnétisme, je lui proposai de retracer son histoire : en l'évacuant de son cœur, l'équipe invisible prendrait soin de le réparer par le biais de l'énergie que je lui transmettais. Joanna me confia alors qu'un soir, rentrant plus tôt de son travail, elle avait surpris son compagnon dans le lit conjugal avec l'une de ses amies. Pour elle, c'était une double trahison.

Je lui proposai alors d'inverser la vision d'elle-même qu'elle avait induite : plutôt que de porter l'étiquette de la victime face à ses deux bourreaux, pourquoi ne pas plutôt admettre qu'elle était trop bien pour ce garçon et que ses guides de lumière avaient agi ainsi pour qu'elle cesse de se voiler la face et puisse enfin le quitter !

À peine ces paroles sorties de ma bouche, je ressentis l'énergie de Joanna se modifier : la jeune femme reprenait son pouvoir. Je lui proposai de fermer les yeux et d'accueillir l'amour que lui envoyaient les êtres de lumière ; je voulais qu'elle réalise combien elle était aimée par l'Univers. Joanna, sans intention particulière, s'ouvrit alors à l'énergie et l'amour qu'infusait l'invisible dans son cœur.

Dans le même temps, je transmis de l'énergie à d'autres endroits de son corps où le « mal » s'était introduit, notamment autour de l'un de ses genoux – « je-nous » –, une représentation d'elle-même et des autres…

Joanna continua de se livrer ; en parlant, elle évacuait la détresse intériorisée accumulée dans son corps. L'équipe invisible présente pour elle m'aida à lui apporter des réponses.

En sortant de mon cabinet, après une séance d'une heure, Joanna allait bien mieux, elle vibrait d'une tout autre énergie et était prête à trouver un nouvel amour. Elle était si souriante, si rayonnante que sa mère, qui l'attendait dans la salle d'attente, était éberluée par cette transformation !

Le cas de Joanna est une belle preuve que l'écoute intuitive du médium, associée à son magnétisme, permet des libérations émotionnelles intenses sans lesquelles le mal-être psychologique s'incarnerait dans le corps, pouvant peut-être donner naissance à une probable maladie.

La chirurgie éthérique

C'est avec de terribles douleurs abdominales, à la suite d'une intervention à l'intestin, que Didier est venu me voir. Il s'allongea sur la table, tandis que je m'ancrai et appelai l'équipe invisible adaptée.

Par clairvoyance, je perçus de petites boules énergétiques dispersées sur son abdomen – invisibles à l'œil nu – représentatives de certaines « mémoires » laissées par les chirurgiens lors de l'opération. Il faut savoir que lorsqu'on vous opère, vos organes, à l'air libre, se chargent encore plus vite des émotions extérieures. Si l'équipe médicale de l'intervention (chirurgiens, infirmiers, aides-soignants, etc.) subit des tensions et du stress, ces énergies négatives s'imprègnent dans le corps du patient, ce qui peut engendrer des douleurs et une mauvaise cicatrisation. L'opération de Didier avait été plus longue que prévu, et il avait le sentiment que quelque chose s'était passé dans le bloc opératoire, sans savoir exactement de quoi il s'agissait.

Je posai donc mes mains sur son ventre afin de dissoudre par magnétisme les petites boules énergétiques représentant les mémoires stressantes de l'opération. J'invitai ensuite Didier à participer au travail à l'aide de sa pensée en visualisant un gel de couleur bleue s'infiltrer dans ses organes. Didier réagit immédiatement : « C'est drôle, je ressens une sensation de fraîcheur à l'intérieur de mon ventre. » L'équipe invisible était en train d'infuser dans son corps éthérique des énergies réparatrices qui finiraient par agir dans ses intestins.

La séance était à peine terminée que Didier avait déjà moins mal et ressentait de la légèreté au niveau de son ventre. Pendant plusieurs jours, l'équipe invisible allait encore travailler sur lui jusqu'à disparition totale de la douleur.

Couper le feu et stopper les hémorragies par la puissance de l'intention

Nous avons tous entre nos mains le pouvoir de soulager les douleurs, il faut simplement demander à notre équipe invisible de nous envoyer l'énergie nécessaire à transmettre par la chaleur de nos paumes en répétant une incantation.

Expérience n° 19

- Pour apaiser la brûlure du feu (coup de soleil, inflammation, etc.), répétez simplement trois fois au moins : « Feu, éteins ta chaleur, tu as été entendu. »
- Pour réduire les saignements (règles abondantes, saignements de nez, ulcère, etc.), répétez trois fois au moins : « *Placet consummatum resurrexit.* »

Pour vous aider à capter cette énergie divine, vous pouvez y ajouter un signe de croix au niveau de la blessure à l'aide du pouce, de l'index et du majeur réunis (représentant la trinité) : répétez le geste du haut (l'énergie du ciel) vers le bas (l'énergie de la terre), puis de la droite à la gauche (qui représentent ici et maintenant).

Si vous doutez de vos capacités, souvenez-vous combien les bisous magiques des adultes fonctionnaient sur vos plaies et vos bosses lorsque vous étiez enfant… Et s'ils fonctionnaient, c'est simplement parce que vous étiez convaincu de la puissance de ces adultes qui vous chérissaient ! En conscience, imaginez cette puissance et nourrissez-vous d'elle pour envoyer cette pommade céleste à votre tour pour apaiser la plaie.

Placez-vous simplement dans une énergie d'amour et pensez à toujours chercher ce qui a pu causer ce mal : le plus important est de faire parler la personne qui vient de se blesser pour comprendre ce qui est à l'origine de sa brûlure ou de ses saignements. Le fait de verbaliser son état émotionnel, ajouté au travail de guérison par l'amour, permet à la personne blessée de comprendre et d'accepter l'origine de son mal et donc d'y remédier.

L'amour est la clé de la guérison

Le pouvoir de magnétisme peut aussi s'accomplir à distance, sans que le magnétiseur soit présent physiquement auprès du patient. Pour cela, je recommande au patient de s'allonger et de rester au téléphone ou en visio avec moi afin qu'il suive en pleine conscience la séance pour y participer pleinement.

Pratiquer ce don à distance, c'est aussi me mettre au service de l'invisible et de l'humanité, autrement dit intervenir auprès de personnes que je ne connais pas et qui ne m'ont pas sollicité. Notre monde ne manque pas de gens qui souffrent et se trouvent dans des états critiques. Dans leurs prières, il arrive qu'ils réclament l'aide de l'invisible, qui peut, dans ces situations, faire appel à certains humains qui vont agir à distance pour accomplir des miracles. Partager cela me nourrit d'un amour et d'une gratitude immenses.

L'amour est la plus grande force de guérison. Voyez combien les paroles réconfortantes d'un adulte affectueux permettent aux enfants de surmonter en un instant la douleur d'une mauvaise chute, d'une égratignure ou d'un désordre intestinal. Cette partie du corps est d'ailleurs souvent concernée par les maux d'enfants. Ce n'est pas étonnant : directement connecté à l'émotionnel, on dit que l'intestin, avec ses deux cents millions de neurones, est notre deuxième cerveau !

Ce processus magique de guérison continue de fonctionner sur nous, adultes, lorsque notre enfant intérieur se sent en manque d'attention. Nous avons besoin parfois de tomber malades pour nous sentir aimés. Souffrants, alités et temporairement affaiblis, nous réclamons du soutien à nos parents ou à notre partenaire. Il est temps que ce mécanisme disparaisse bel et bien, vous ne croyez pas ? Plutôt que d'attirer l'attention, de nous placer dans un rôle de victime pour nous sentir aimé, il serait tout aussi vertueux, en plus de certains appuis médicaux, de procéder à un travail d'introspection et... de commencer par s'aimer soi-même.

S'aimer soi-même est le plus grand des cadeaux que l'on puisse s'offrir. Si la notion d'amour de soi est souvent mal perçue, c'est qu'on la confond généralement avec du narcissisme ou de l'égoïsme. Pourtant, s'aimer soi-même est une condition indispensable pour trouver sa stabilité dans la vie et développer de bonnes relations avec les autres.

L'amour de soi, c'est apprendre à découvrir et à aimer ses limites et ses points forts, à se reconnaître une certaine valeur, à prendre soin de soi tant physiquement que psychiquement, afin de vivre un rapport équilibré à soi-même et aux autres. C'est seulement ainsi que l'on peut aimer pleinement la vie et reconnaître toutes les formes d'amour qui nous entourent.

Vous êtes malade ? Connectez-vous à l'Amour !

Se connecter à l'Amour est le plus grand remède du monde pour surmonter les épreuves de la vie.

Expérience n° 20

- Allongez-vous sur le dos, paumes des mains tournées vers le ciel, jambes décroisées.
- Fermez les yeux et connectez-vous, par clairempathie, à l'énergie d'amour présente autour de vous mais aussi sur Terre et dans tout l'Univers. Laissez toutes vos cellules se remplir de cette énergie d'amour et prenez le temps de la sentir infuser en vous.

Vous vous sentez déjà mieux, non ? Rassurez-vous, au titre d'effets secondaires de cette pratique, vous pourrez noter des larmes de joie face à la transcendance de l'énergie de l'amour. Rien de plus.

La radiesthésie au pendule

Les séances de magnétisme et de chirurgie éthérique peuvent être accompagnées d'un diagnostic au pendule.

Le pendule radiesthésique est un petit objet conique en bois, en métal ou en pierre naturelle, suspendu à une chaîne que l'on tient entre le pouce et l'index. Cet outil très ancien, que les Égyptiens antiques appréciaient déjà pour ses bienfaits, est utile dans le cadre d'un soin énergétique pour détecter notamment la présence d'ondes négatives et vérifier l'état des chakras. Il tourne dans un sens ou dans l'autre selon les énergies qu'il détecte, neutralisant toute analyse rationnelle et indiquant ainsi sur quelles modifications vibratoires travailler.

Je me souviens de Sandrine, qui était venue me voir pour des douleurs persistantes à l'épaule. Déjà opérée, elle continuait malgré tout à souffrir et savait qu'entreprendre une thérapie avec moi était nécessaire, car sa douleur était liée à son état émotionnel.

Durant les séances de soin énergétique, grâce à l'appui du pendule, elle a pris pleinement conscience de nombreuses circonstances de sa vie, et accepta de mettre fin à certains projets qui n'étaient plus en adéquation avec elle, mais aussi de mettre un terme aux croyances limitantes qui la bloquaient sur son chemin de vie. À l'occasion de notre dernière séance, son père défunt fit une apparition et me demanda d'aider Sandrine à se détacher de lui. Je me mis donc au service de son père pour accompagner Sandrine à accepter sa disparition : désormais décédé, il n'avait plus à être… derrière son épaule ! La douleur de Sandrine disparut définitivement.

La flamme violette[1], une énergie spirituelle à votre portée

La flamme violette est une énergie spirituelle ayant le pouvoir extraordinaire de transformer les énergies négatives de notre être en énergies positives et de contribuer ainsi à réduire de manière significative les blocages énergétiques. Longtemps réservée à une élite, elle représente une part du Feu sacré (pour les chrétiens, une propriété de l'Esprit saint), une bribe de divin, que chacun peut pourtant invoquer facilement et intégrer à sa vie quotidienne comme dans son magnétisme.

---

1. Pour en savoir plus, je vous recommande la lecture de *Flamme violette de transmutation. Maître Saint Germain*, de F.H.Y, éditions Hélios, 2012.

Expérience n° 21

L'énergie de la flamme violette

• Les pieds posés à plat au sol, jambes décroisées, respirez calmement et réveillez en vous l'être divin et spirituel grâce à « l'expérience d'ancrage » (page 35).
• Placez vos deux mains sur vos genoux, paumes vers le ciel.
• Dites à voix haute : « J'appelle la flamme violette » et visualisez, les yeux ouverts, par la force de votre imagination, une flamme violette de vingt centimètres qui s'échappe du creux de chacune de vos mains. Les flammes vont se manifester par une sensation de chaleur subtile dans vos paumes.
• Par le biais de votre toucher, imaginez que vous transmettez l'énergie de cette flamme violette à une personne ou un objet en nommant l'usage de la flamme que vous mettez dans votre intention : nettoyer, alléger, soulager, neutraliser...

Faites confiance à votre intuition : quand la flamme aura été transmise avec votre intention, vous aurez terminé.

La flamme violette s'utilise aussi pour neutraliser les mémoires d'un objet, comme je l'ai expliqué dans le chapitre précédent avec l'exemple de l'armoire, mais aussi dans le cas d'un bijou de famille dont vous avez hérité ou d'une bague de votre ex que vous portez toujours au doigt. Pas la peine de vous en séparer si vous la trouvez jolie mais qu'elle vous rappelle de mauvais souvenirs. Grâce à la flamme violette, vous pouvez la neutraliser en la nettoyant de tous ces vieux souvenirs.

La flamme violette peut enfin être formidablement utile pour alléger le poids d'un objet. Si vous devez transporter un bagage très lourd par exemple, n'hésitez pas à invoquer la flamme violette au bout de vos mains, que vous transmettrez à l'objet en question avec l'intention de l'alléger, avant de monter les trois étages menant à votre appartement. Si, si, croyez-moi ; faites le test à l'occasion de vos prochaines vacances ou du prochain déménagement !

Doit-on payer la consultation d'un magnétiseur ou d'un médium ?

Le dernier thème de ce chapitre peut sembler trivial ou inapproprié, mais il me semble important de l'aborder.

Je connais certains magnétiseurs qui refusaient de se faire payer, jusqu'à ce que de nombreuses personnes abusent de leurs dons et finissent même par en faire disparaître la magie, car elles n'y mettaient plus aucune intention, le magnétiseur étant réduit à une sorte d'animal de foire pour lequel personne n'avait plus de respect.

Certains d'entre eux, tels Padre Pio, n'avaient guère besoin d'être rétribués pour leurs soins, car en tant qu'hommes d'Église, ils étaient entretenus par la paroisse et gâtés par leurs fidèles. Mais de tout temps, les magnétiseurs se sont vu offrir en retour de l'argent, de la nourriture ou un toit. Ceux qui font ce métier à plein temps et refusent de toucher des honoraires se privent de la notion de partage et ne permettent pas à leurs patients de reprendre le pouvoir : si je paie un service, je récupère ma liberté, si je ne paie pas, je me sens redevable.

Adolescent, je ne faisais pas payer mes consultations pour deux raisons : logé et entretenu par mes parents, je n'avais pas besoin de gagner ma vie, mais surtout, je me laissais influencer par une croyance ancestrale absurde qui veut que la voyance étant un don, on devrait tous pouvoir en profiter gratuitement. Quelle idée !

Dans notre civilisation, la monnaie d'échange est l'argent, il est donc normal qu'un magnétiseur, un voyant ou un médium soit rétribué pour son savoir et ses facultés.

Et puis, se faire payer est un gage de crédibilité non négligeable. Personnellement, c'est à la suite d'une conversation avec une amie que j'ai définitivement choisi de faire de ma médiumnité mon activité professionnelle, avec des honoraires. Elle était sortie d'un soin chez un guérisseur en me disant : « J'ai vu un vrai médium, c'était top ! » « Comment ça, un vrai médium ? » lui avais-je demandé, étonné. « Eh bien, quelqu'un qui se fait payer comme un pro ! » m'avait-elle assuré.

Voilà qui avait fini de me convaincre de rétribuer mes séances !

Chemin 10

Comment neutraliser les forces du mal

Maintenant que nous avons cheminé ensemble un bon moment et que vous avez éveillé votre médiumnité, ce dernier chapitre s'apprête à élever encore un peu plus votre conscience. Le « Mal » est tout ce que notre mental juge de négatif et qui nous empêche d'être heureux, comme nos peurs ! Lisez ce chapitre à votre rythme, en vous laissant accompagner par l'invisible qui vous aidera à dénouer certains blocages et à profiter pleinement de votre puissance.

Vous le savez, l'occultisme – du latin *occultus*, qui signifie « caché, secret », désigne l'ensemble des arts et des sciences occultes, ce qui est non visible, comme la magie – s'est toujours heurté à de nombreuses affabulations et critiques, notamment issues des religions, qui ont largement pris le parti de juger les médiums comme des intimes du diable. Le médium est un autodidacte, un créateur, qui n'a nul besoin de faire partie de quelque organisation ou groupe religieux pour se sentir soutenu ou légitime. Cependant, un meneur autodidacte aux connaissances occultes innées peut effrayer et déstabiliser les esprits rationnels en prise avec la dualité des dogmes religieux qui tiennent encore à conserver leur pouvoir.

Puisque les religions perdent leur souffle, ne serait-il pas temps que chacun d'entre nous reprenne le pouvoir sur son propre royaume spirituel en écoutant simplement son cœur ? C'est exactement ce que proposent les médiums du nouveau monde !

La médiumnité, un don qui élève l'autre

Malheureusement, parce qu'ils détiennent des dons psychiques puissants, de nombreux médiums les utilisent pour assouvir un pouvoir personnel sur autrui en le maintenant dans une relation de dépendance et un rôle de victime. D'autres, par manque de bienveillance ou de pratique, n'emploient pas les bons mots ou n'éprouvent pas d'empathie face à des consultants qui pourraient ainsi mal interpréter leurs prédictions et les juger comme émanant du Mal.

L'une de mes amies, Jeanne, m'a raconté qu'un médium lui avait prédit le jour de sa propre mort ainsi qu'un terrible accident qui surviendrait dans la vie de son père... si elle ne faisait pas appel à sa magie de médium ! Je me rappelle l'avoir immédiatement rassurée : cet homme n'était pas un « médium céleste », qui lui, guide avec son cœur comme le ferait un ange et ne formalise pas de telles prédictions macabres dont le seul but est de vous mettre sous son emprise et de vous soutirer de l'argent. J'ai ensuite accompagné Jeanne pour qu'elle reprenne le pouvoir sur son avenir en écoutant son cœur, et qu'elle se rende compte que cet homme avait abusé de sa confiance.

Il est très facile d'avoir recours à la dualité entre le Bien et le Mal pour en faire un business florissant. Cette notion binaire appartient à la tridimensionnalité : elle n'est que le fruit d'un esprit rationnel qui veut vous faire croire que vous êtes sur la voie du bonheur. Mais le bonheur, le vrai, n'a rien à voir avec la dualité.

Afin de vous sentir comblé et de reprendre le pouvoir sur votre vie, je vous invite à cesser de vous comparer aux autres. À quoi bon placer le jugement au centre de nos relations ? Pourquoi ne pas accepter plutôt que nous sommes tous des êtres différents et merveilleux ? Nos singularités sont nos richesses et elles font de nous des êtres authentiques dignes d'être aimés !

C'est exactement le but de ma présence à vos côtés et la vertu de ma médiumnité. Acceptez les cadeaux que l'invisible met sur votre route pour vous guider : les anges, les guides, les êtres de lumière sont là pour vous, ne doutez plus de leur légitimité.

Le Mal n'est pas toujours là où on le pense

Notre société occidentale nous met sans cesse en compétition les uns avec les autres, et fonctionne selon une hiérarchie sociale (avec des institutions, des normes, des lois et des coutumes) qui vise une certaine perfection au lieu d'accueillir ce qui existe comme un cadeau. Cela bloque évidemment notre éveil au bonheur. Ces mécanismes inconscients survivent pourtant à travers nos comportements : tel un fils qui cherche à tout prix à mieux réussir que son père dans le même secteur professionnel ou qui, à l'inverse, n'ose pas affirmer sa différence par peur du rejet.

C'était le cas d'Édouard, dont le désespoir se lisait dans ses yeux lors de notre premier rendez-vous. Il me confia que sa vie n'avait plus de sens et qu'il était terriblement malheureux. Pourtant, selon les critères de notre société, Édouard avait tout pour être heureux : marié et père de deux enfants, il menait une belle carrière de chirurgien.

Mais ce n'était pas vraiment un choix personnel, car Édouard avait simplement suivi la même voie que ses aïeux, par peur de sortir du cadre et de ne pas correspondre à l'enfant rêvé de ses parents. Sa passion était le surf : il aurait adoré tout plaquer pour devenir moniteur à Bali.

En mettant mon équipe invisible et mes facultés psychiques au service d'Édouard, je me suis aperçu qu'il était pris au piège dit « du mouton » depuis des années : il n'avait jamais réellement écouté son intuition, se contentant de se conformer docilement aux schémas de la matrice tridimensionnelle de son éducation. Mais, au fond de lui, il ne rêvait que de vivre au jour le jour, des tongs aux pieds, et de surfer toute l'année.

Alors, qu'est-ce qui a empêché Édouard de créer sa vie, de se réaliser ? La peur d'être considéré comme un mauvais petit garçon, qui déshonore un héritage brillant de chirurgiens de père en fils. Pour ne pas risquer d'être « mal vu » par son entourage, pour faire plaisir à son père, Édouard a répété la structure patriarcale sans se poser de question, sans se fier à son intuition, sans écouter son cœur.

De nombreuses personnes pensent ainsi et sont victimes, malgré elles, d'un fonctionnement social ancestral qui les plonge dans une illusion tridimensionnelle. Et ce n'est pas grave. Avoir l'audace d'être soi requiert énormément de courage, car il faut oser exprimer son authenticité dans un système social formaté où règne la dualité. Mais quand cela va-t-il s'arrêter ?

J'ai assumé très tôt ma médiumnité tout comme mon homosexualité, dans un environnement familial où je n'avais pourtant personne à qui m'identifier. Et je peux vous dire que je sais combien oser affirmer ses différences sans les mettre à mal est une performance. Mais je sais aussi qu'elles sont aujourd'hui ma richesse ainsi que celle de ma famille qui respecte mon authenticité.

Et vous, n'avez-vous pas envie d'aller au bout de votre rêve ? De suivre enfin la voie de votre cœur ? Je vous promets que vous le méritez, et si vous en doutez encore, allez jusqu'au bout de ce livre pour comprendre comment la puissance du divin peut vous y aider.

L'effet miroir qui nous renvoie à nos propres failles

Vous êtes nombreux, je le constate dans mon cabinet, à ne pas oser affirmer votre authenticité par peur de décevoir votre entourage, et d'être considérés par les autres comme « mauvais ». Oubliez tout de suite cette idée et soyez sûr d'une chose : les autres ne voient de vous que l'image qu'ils projettent de leur propre vie.

Un matin, alors que je m'étais levé aux aurores pour animer une conférence, je me souviens d'avoir croisé mon reflet dans la vitrine d'un magasin : comment avais-je fait pour me montrer aussi négligé, les cheveux ébouriffés, le visage mal réveillé ? L'équipe du maquillage, en loge, allait avoir bien du travail... Deux cents mètres plus loin, alors que je croisais un homme à la tignasse encore plus ébouriffée que moi, je me surpris à laisser mon mental juger cet inconnu... En réalité, à travers lui, je venais de juger ma propre coupe de cheveux, et celui que je critiquais n'était autre que moi !

Si vous jugez une personne trop ronde, c'est peut-être seulement la dualité de votre esprit rationnel qui s'exprime et vous signifie, par effet miroir, que vous manquez de flexibilité vis-à-vis de votre propre poids et que c'est pour vous un sujet sensible… Une personne pour qui le poids n'est pas une psychose ne cherche pas à se comparer ni à critiquer qui que ce soit sur ce sujet. Si vous jugez un homme trop efféminé ou maniéré, peut-être est-ce parce que vous n'osez pas affirmer votre féminité comme vous le feriez si vous n'aviez pas peur d'être rejeté. Si vous qualifiez un peu vite de « fille facile » votre voisine de palier chaque fois que vous la croisez avec un homme différent, interrogez-vous sur votre vie sexuelle : peut-être rêvez-vous d'une existence un peu moins rangée et de nuits plus érotiques…

Vous commencez à comprendre ? Notre esprit rationnel ne juge le Mal qu'à travers nos propres perceptions…

Croyances et superstitions

Lorsqu'un individu ou un groupe considère certaines actions, personnes ou pensées comme « mauvaises », il devient très difficile de ramener la lumière sur ces aspects, car l'égrégore du Mal occupe une place prépondérante dans notre réalité tridimensionnelle. Par exemple, les sorciers et sorcières opprimés par l'Église au Moyen Âge, ou les juifs, homosexuels ou Tziganes persécutés par le régime nazi pendant la Seconde Guerre mondiale ont tous été victimes de ce puissant égrégore du Mal qui perdure d'une manière ou d'une autre.

Mais si nous inversions cet égrégore en considérant les sorciers comme des hommes libres et doués de potentiels inconnus et innés, les rendant rares et indispensables ? Si les juifs, les homosexuels et les Tziganes détenaient plutôt une authenticité remarquable pouvant mener à un monde meilleur ?

Nos croyances ancestrales sont parfois si puissantes qu'elles peuvent même donner lieu à des superstitions encombrantes : avouez que vous préférez traverser la rue plutôt que de passer sous une échelle, que vous ne pouvez vous empêcher de penser aux sept ans de malheur que vous apporterait un miroir brisé ou qu'être treize à table est un désastre…

Arrêtez de croire à toutes ces inepties ! Je vous promets qu'elles ne font qu'empêcher le bonheur d'entrer dans votre vie. Le Mal peut disparaître si nous y mettons de l'énergie positive et si nous choisissons d'ouvrir notre conscience, car le pouvoir de la pensée peut se montrer puissant, qu'il soit au service du bonheur ou malheur. Dans une dualité fermée et normative, la force de votre pensée ne peut que vous contaminer.

Les protections contre le Mal renforcent son effet délétère

Le plus grand rouage qui alimente le Mal, sachez-le, ce sont toutes les protections mises à notre disposition pour l'éloigner : en agissant ainsi, vous ne faites que le renforcer. Avec des protections comme les pierres, les pentacles ou les plantes, vous dites au Mal que vous avez peur de lui, et vous amplifiez sa puissance.

Votre meilleure protection, c'est de le regarder avec amour. En agissant ainsi, les ténèbres ne vous considéreront jamais comme une proie car elles disparaissent en une fraction de seconde lorsqu'on allume la lumière du cœur.

Je me souviens d'une expérience fondamentale que j'ai faite à l'âge de 15 ans. J'étais à Marseille avec une amie qui avait alors une quarantaine d'années et que j'admirais notamment pour sa force de caractère : pour elle, le danger n'existait pas. C'était tellement apaisant d'avoir à mes côtés une personne qui n'était pas sous l'emprise du Mal. Nous étions en route pour une visite chez sa grand-mère, qui vivait dans les quartiers nord (réputés pour être les plus dangereux de France). J'étais plutôt inquiet à l'idée de cette promenade, mais elle balaya d'une phrase mes craintes : « Prends cette expérience comme un super entraînement pour voir la puissance de l'amour ! »

Comme je m'y attendais, les habitants que nous croisions me dévisageaient les uns après les autres avec des intentions clairement négatives. Cependant, je me suis appliqué à les observer avec un regard amical, les considérant comme mes frères et non plus comme des personnes dangereuses. Je vous promets qu'avec cette nouvelle intention, la vibration de mon aura a intégralement chassé ma peur et les regards qui se sont posés sur moi ensuite n'étaient plus du tout les mêmes !

Nous manions tous la magie blanche : faisons-le en conscience

Certains pensent que la magie requiert un certain talent, alors qu'en réalité elle n'est que le fruit de la pensée associée au verbe et au geste. Puisque tout prend matière à partir de nos pensées, tout peut s'incarner dans la réalité de notre 3D. C'est seulement la puissance de la pensée, variable selon les êtres, qui fera la différence : pour certains, une simple pensée peut se matérialiser si facilement qu'ils n'auront même pas besoin de passer par l'étape de la parole pour lui donner naissance.

C'est ce que nous activons par exemple lorsque nous prions pour quelqu'un : nous mettons à l'œuvre notre pensée à son intention en lui souhaitant du bien. Mais ce n'est pas nécessairement remarquable, parce qu'en réalité, en agissant de la sorte, on juge autrui à l'aune de notre esprit rationnel… et pas toujours pour son bonheur.

Le témoignage de Théo est intéressant. Il est entré un jour dans mon cabinet, complètement perdu dans son parcours professionnel. En fac de droit, m'expliqua-t-il, il réussissait systématiquement ses concours, et avait continué dans cette branche en pensant que c'était sa voie, mais depuis quelque temps, il ne s'épanouissait plus. Ce qu'il ignorait, c'est que sa grand-mère allumait pour lui un cierge avant chaque examen… et que la force de sa pensée, c'est-à-dire sa foi puissante, avait joué des tours à Théo en le plaçant sous l'emprise de la magie blanche pendant ses études. En agissant ainsi, la grand-mère de Théo pensait lui offrir une protection de réussite géniale et divine, mais elle n'avait fait qu'empêcher son petit-fils de s'interroger, de se remettre en question et de trouver sa propre voie.

Sophie, elle, n'était plus heureuse en ménage depuis des années, mais se sentait incapable de quitter son mari. Ce qu'elle ne savait pas, c'est qu'elle se trouvait sous emprise, elle aussi, de la magie blanche. En effet, sa mère priait régulièrement pour que Sophie et son mari ne se séparent pas. En agissant ainsi, sa mère empêchait Sophie d'être pleinement heureuse ailleurs…

La magie blanche est si forte qu'elle peut même se transmettre à travers les générations. C'est ce que subissait Joséphine, venue en séance afin que je l'aide à s'assumer pleinement en tant que médium au sein de sa famille, peu éveillée au sujet. Durant la séance, je fus surpris de constater que Joséphine était sous l'emprise de la magie blanche, mais aussi sa sœur, ses filles, sa mère, sa grand-mère, et toute sa lignée féminine depuis douze générations ! En cherchant comment et pourquoi cette magie se manifestait dans la vie de Joséphine, je compris que douze générations plus tôt, une de ses aïeules avait révélé sa médiumnité, mais que son père, par peur qu'elle soit tuée ou que sa famille entière soit rejetée, avait prié pour que les dons de sa fille ne soient jamais révélés. Et cette magie blanche n'avait jamais cessé de fonctionner, génération après génération, jusqu'à Joséphine qui essayait tant bien que mal de dévoiler à son entourage, sous l'emprise de cette magie transgénérationnelle, qu'elle n'était pas folle, mais en possession de facultés médiumniques.

Ces exemples prouvent que la magie blanche, portée pourtant par de bonnes intentions, accessible à tous et redoutablement efficace, peut se révéler extrêmement handicapante. Tous les parents exercent la magie blanche sur leurs enfants, de manière inconsciente, en leur souhaitant des rencontres, un avenir professionnel ou des choix de vie préétablis qui leur semblent bénéfiques mais ne tiennent pas compte du désir profond de leur progéniture…

Ce n'est pas sans raison qu'au moment de ce que l'on nomme la « crise d'adolescence » ou en tant que jeunes adultes, beaucoup d'enfants osent s'affirmer face à la magie parentale ! Malheureusement, bien d'autres ne se rebellent jamais sans réaliser qu'ils sont sous l'emprise des « bonnes » intentions de leurs proches.

Lorsqu'on me demande de pratiquer de la magie blanche pour qu'un fils, un mari, une sœur ou une grand-mère réussisse telle ou telle chose, je refuse systématiquement. Je suis convaincu que ce n'est pas à moi d'agir sur ces personnes qui ne m'ont rien demandé : je n'ai en aucun cas l'autorisation de changer leurs plans. Si j'use de ma puissance de pensée, c'est-à-dire de ma magie, pour qu'il advienne d'autrui ce que je veux, je lui vole le pouvoir de sa destinée prévu par l'invisible.

Mauvais œil et magie noire

Vous avez vu combien la magie blanche peut avoir des répercussions néfastes sur chacun d'entre nous, mais que dire de la magie noire, très crainte à toutes les époques, et que tout le monde pratique sans s'en rendre compte ?

Vous n'avez pas idée de l'impact de nos pensées négatives et de nos paroles malheureuses sur autrui… Nous avons longtemps voulu les discréditer, mais c'est de ces mots et de ces pensées que se nourrit la magie noire. Celle que certains nomment aussi le « mauvais œil ».

Dire à un enfant « Attention ! Tu vas tomber ! » suffit souvent à le faire tomber… L'enfant pourtant n'était pas en danger, seulement, en l'informant qu'il pouvait potentiellement chuter, son mental s'est affolé, entraînant l'incident. De nombreuses phrases peuvent ainsi avoir un pouvoir néfaste : « Tu es nul, tu ne réussiras jamais ! » « Si elle continue à se comporter ainsi, ta fille ne trouvera jamais l'amour… » Le mental de l'enfant ou de l'adulte finit par prendre ces informations au pied de la lettre et à les transposer dans la réalité.

La magie noire fait aussi surface lorsqu'une victime est en colère contre son bourreau et qu'elle veut se venger. Certaines femmes trompées par leur compagnon et guidées par la colère et la vengeance leur souhaitent si fort de ne plus jamais être heureux en amour que cela finit souvent par arriver. C'était le cas de Maurice, 60 ans, qui n'avait eu aucune relation sérieuse depuis qu'il avait quitté femme et enfants vingt-cinq ans plus tôt. Il était venu me voir parce qu'il sentait que « quelque chose de très fort » l'en empêchait. En réalité, Maurice était soumis à la magie noire en raison des pensées négatives puissantes que son ex-femme, toujours en colère qu'il ait quitté le domicile conjugal pour le lit d'une autre femme, exerçait sur lui.

Il ne s'agit pas du « karma », comme aiment à le penser nombre d'entre vous, mais seulement des pensées négatives que nous entretenons à l'égard de celui ou celle qui nous tourmente. Il est clair que notre mental veut nous faire croire que nous sommes une victime et qu'à cause du bourreau, notre vie ne sera plus jamais la même. Regardez comment vous vous sentez satisfait lorsque votre bourreau se retrouve dans une situation compliquée : pensez-vous sincèrement que ce comportement soit digne d'amour ? Digne de vous qui connaissez désormais le pouvoir des mots et des pensées ?

Je me souviens de Sarah qui était venue en consultation dans un état de tristesse absolue, victime des agissements d'une belle-mère qu'elle considérait comme un bourreau. Cette femme, m'expliqua-t-elle, exerçait sur elle de la magie noire depuis huit ans car elle reprochait à Sarah de n'être pas du milieu des gens du voyage, contrairement à son époux et à l'ensemble de leur famille. En deux mots, sa belle-mère l'accusait de lui avoir enlevé son fils. Les deux femmes étaient donc en conflit permanent, ressassant l'une envers l'autre des pensées noires. À tel point que Sarah avait déjà fait trois fausses couches, dont la dernière s'était soldée par un bébé mort-né.

Le souci, c'est qu'une médium lui avait dit de se « protéger de la magie noire » de sa belle-mère : cette information, plutôt que d'aider Sarah, lui avait dérobé sa sérénité en lui faisant prendre conscience qu'elle était en danger auprès de celle-ci. La jeune femme, prise dans les rouages de l'illusion du Mal, avait fini par se sentir en perpétuel danger et en tentant de le fuir par tous les moyens, ne faisait que renforcer la puissance des pensées néfastes qui lui étaient adressées.

C'est exactement dans ce genre de situation que la magie est extrêmement dure à enlever, car la victime se persuade que tout ce qui lui arrive est provoqué par la magie noire du bourreau.

Expérimentez votre puissance divine sacrée grâce au cercle nimbe

Un nimbe est un cercle lumineux que nous trouvons notamment autour de la tête des personnages sacrés, des héros divinisés, de dieux antiques, de Dieu ou de saints. Mais je vous assure que tous en tant qu'humains sommes dignes du divin et du sacré, c'est pour cette raison que le cercle nimbe peut nous être d'une grande utilité, pour nous faire vibrer dans une énergie divine, mais aussi pour nous purifier de toute intention extérieure négative qui nous touche : dispute, jalousie, etc.

Expérience n° 22

• Assis ou debout, les jambes décroisées de la largeur du bassin, les pieds au sol, le dos droit, portez votre conscience sur votre respiration en faisant le vide dans votre tête.
• Dites à voix haute : « Nimbe, sacralise-moi », puis visualisez le cercle nimbe se dessiner au-dessus de votre tête.
• Accueillez ce cercle invisible sacré, de couleur dorée d'un diamètre approximatif de

quinze centimètres, à quinze centimètres de votre crâne.

- Ressentez au-dessus de votre tête son poids, telle une couronne dans l'éthérique. Ressentez à quel point il vous rend divin et vous alimente en une énergie douce, puissante et sacrée dans votre corps tout entier.
- Ressentez comment votre nimbe vous nettoie avec douceur et vous alimente en énergie sacrée, formant autour de vous une mandore (forme ovale en amande) qui enveloppe votre corps.

À noter que le cercle nimbe n'est pas là tout le temps, mais lorsque vous êtes fatigué (à la suite d'une dispute ou d'une situation désagréable), n'hésitez pas à faire appel à cette énergie sacrée afin d'être cajolé dans un amour puissant et infini avec la source.

La puissance du pardon

Vouloir fuir le Mal aggrave celui-ci, or il ne peut disparaître que grâce à la puissance de l'amour. Lorsque vous êtes en conflit avec quelqu'un et que vous fuyez toute communication, le Mal ne disparaît pas, au contraire, il s'incarne en vous en créant de la rancœur, voire de la haine vis-à-vis de l'autre. La meilleure façon d'agir consiste donc à envoyer de l'amour à votre bourreau, et à le considérer comme une victime en manque d'affection. C'est toute la puissance du pardon.

Il m'arrive de prendre les transports en commun, étant le moyen le plus rapide et efficace. J'ai également vécu l'effet d'être serré comme une sardine dans un métro avec le souhait que la station suivante ne soit pas pleine, et j'ai également ressenti qu'une fois sorti de là, j'étais fatigué et vampirisé énergétiquement. J'entends souvent dire que les transports en commun sont des lieux énergivores, c'est-à-dire qu'ils prennent toute votre énergie, et donc qu'ils sont à fuir au maximum. Qu'est-ce que cela signifie ? Qu'il nous faut tous être solitaires et sélectionner les personnes qui peuvent nous côtoyer ? Autant vous dire que ce n'est pas avec cette dualité et cette peur de l'autre que l'humanité va évoluer. C'est pour cela que j'ai voulu remédier à cela en déployant l'arme fatale divine : savoir être une source d'amour cosmique.

Expérimentez votre source d'amour cosmique

L'amour est une célébration de soi et de l'autre, une connexion qui construit un pont entre les âmes et ouvre un puissant vortex énergétique qui vibre au rythme du cœur. Si l'on prend soin de tout faire partir du cœur, on peut créer une unité entre les êtres humains.

Vous avez tendance à fuir les gens toxiques parce que vous les prenez pour des vampires énergétiques ? Et si vous vous disiez plutôt qu'ils ont besoin d'une énergie nouvelle et bienveillante et que vous, aligné, apaisé et heureux comme vous l'êtes, vous allez pouvoir leur apporter cette énergie ?

Oser inviter à votre banquet de positivité et de bienveillance tous ceux qui en ont besoin, c'est vous mettre en position de service auprès des autres, qui n'ont malgré eux pas toujours les outils adéquats pour se remplir d'énergie autrement qu'en attirant votre attention ou en vous monopolisant.

Si vous décidez d'agir ainsi, ces personnes ne prendront plus votre énergie vitale pour combler un manque mais en étant bien ancré à la terre et nourri par l'énergie cosmique, c'est cette dernière qui émanera de vous, de vos vibrations, qui viendra les arroser : vous leur offrirez un grand élan d'amour divin, car ne l'oublions pas, nous sommes tous source de vie et d'énergie, à l'image de la Terre qui donne dans l'abondance et dans l'amour de son prochain.

Expérience n° 23

- Lorsque vous êtes face à une personne ou à un groupe de personnes qui prend votre énergie, quand vous vous sentez lourd ou fatigué, l'unique chose à faire est de vous dire dans votre tête : « Je suis source d'amour cosmique. »
- Laissez cette phrase « Je suis source d'amour cosmique », tel un mantra, descendre en vous. Visualisez la couleur lumineuse de l'énergie céleste descendre abondamment sur vous, telle une douche divine, suffisamment pour que vous vous nourrissiez uniquement de la source.
- Puis à votre tour, vous visualisez que l'entourage profite de cette douche divine.

En agissant ainsi, vous allez non seulement régénérer vos propres énergies, mais aussi être dans le don envers autrui. Si tous les humains agissaient de la sorte, le monde dont on rêve tous serait déjà là… Donc, ne tardez plus et soyez source d'amour cosmique.

Je me souviens de Lola, trompée par son compagnon Christophe alors qu'elle était enceinte de quelques semaines. Dans de telles conditions, Lola avait toutes les raisons de se sentir victime de Christophe, qui détruisait leur couple et le rêve de leur famille en devenir.

Plutôt que de s'enfermer dans la colère et la rancœur, qui ont toujours un impact négatif sur notre estime de nous-mêmes et s'infiltrent dans nos énergies, Lola a décidé de considérer Christophe comme une victime : malgré sa carapace d'homme viril, il n'avait pas confiance en lui. Blessé par le manque d'amour maternel et une enfance malheureuse, il fuyait l'amour et la vie de famille par peur de trop souffrir. Il préférait accumuler les conquêtes à la recherche perpétuelle de l'amour impossible. Sans comprendre qu'il fallait d'abord qu'il s'aime lui-même pour pouvoir trouver l'amour.

En choisissant cette voie de la compréhension et du pardon, en refusant la posture de la victime et en acceptant de s'être trompée sur son choix d'une vie rêvée avec Christophe, Lola a transformé un échec en opportunité : elle s'est laissé la possibilité de s'ouvrir à quelque chose de plus transcendant et divin, que les êtres de lumière lui permettront de découvrir. Car en définitive, les épreuves de la vie ou les échecs nous permettent de prendre de nouvelles décisions, de nous renouveler et de nous perfectionner.

Et si les échecs étaient la clé de notre réussite ?

La plupart des hommes aspirent à une vie « parfaite », sans erreurs de parcours, sans échecs, trop souvent associés au Mal dans nos sociétés modernes. Pourtant, nos échecs sont des cadeaux merveilleux et bénis par les êtres de lumière : sans eux, il serait difficile d'apprécier nos succès et de nous épanouir pleinement. Ils sont même souvent à l'origine d'événements heureux.

Si les sœurs Tatin n'avaient pas raté leur tarte aux pommes, jamais nous n'aurions pu savourer cette pâtisserie caramélisée au goût divin qu'elles ont finalement inventée – c'est mon péché mignon ! En sciences, les erreurs de nos chercheurs sont souvent la source des plus grandes découvertes, parce qu'un médicament inefficace pour une pathologie peut souvent en soigner d'autres. L'étudiant qui échoue à son examen de fin d'année peut trouver sa voie dans un tout autre domaine qui sera davantage en adéquation avec ses attentes. Un employé qui se fait licencier pourra peut-être enfin faire ce travail d'introspection spirituelle qu'il repoussait par manque de temps et choisir ainsi une autre voie professionnelle…

Bref, la liste est sans fin d'exemples d'échecs transformés en opportunités. Je suis sûr que vous-même en avez en tête en lisant ces lignes !

Ces échecs, à condition de les considérer comme des cadeaux, sont la clé pour ne pas tomber dans les rouages du Mal, c'est-à-dire se positionner en victime : même si vous ne pouvez le comprendre sur le moment, ayez toujours de la gratitude envers ce que vous vivez.

Le Mal, comme le Bien, a toute sa place dans notre évolution.

La nuit noire de l'âme : une étape spirituelle

La nuit noire de l'âme est une période de désolation spirituelle, une absence brutale de notre raison de vivre qui fait remonter nos peurs, nos angoisses, nos schémas et nos anciennes croyances limitantes afin de nous permettre de les regarder en face pour mieux nous en détacher.

Les personnes qui traversent cette crise existentielle se sentent généralement perdues. Nous pouvons vivre plusieurs nuits noires de l'âme au cours de notre existence, mais elles sont là pour nous faire lâcher ce qui n'est pas (ou plus) bon pour nous. C'est une sorte de rébellion de notre âme pour nous sortir de la matrice tridimensionnelle.

Ces épisodes sont souvent nécessaires pour passer à une version plus grandiose de ce que nous sommes vraiment. Loin d'être un fardeau, ce processus d'éveil doit être accepté et accueilli avec gratitude afin de nous rapprocher toujours plus de notre véritable nature. Une fois l'esprit, le cœur et l'âme alignés se produit ce que certains nomment « la Sainte Trinité » : en passant de l'ombre à la lumière, c'est une magnifique occasion d'évoluer que vous vous offrez.

La nuit noire de l'âme peut être extrêmement rapide pour certains ou très longue pour d'autres : tout dépend du chemin spirituel de chacun. Pour ma part, elle a duré une grande partie de mon enfance, jusqu'à ce que j'accepte pleinement ma médiumnité et l'homme que je suis.

Bas astral et possession : ne vous laissez plus impressionner

Maintenant que vous avez saisi l'importance de notre jugement sur le caractère profondément malin des choses que l'on considère comme le Mal et combien l'échec peut être un cadeau dans la vie, je vais vous expliquer comment ne plus vous laisser impressionner par le bas astral, c'est-à-dire les entités invisibles négatives, et la « possession astrale » largement exploitée par les box-offices américains – et les religions – pour nous persuader de leur puissance malfaisante. Il est temps de vous sortir définitivement cette croyance de la tête si vous voulez retrouver votre souveraineté !

Le bas astral, aussi nommé « enfer », est souvent associé à un endroit sordide peuplé d'esprits errants, d'émotions et de pensées négatives. Pour moi, il s'agit davantage d'une biosphère qui ne prend vie que si l'on y prête attention : il est un espace si minoritaire au regard des multiples dimensions divines que possède l'Univers que l'on ne devrait pas lui accorder d'importance – au risque, une fois encore, de renforcer son impact. Plutôt que de penser que le bas astral est là pour dominer les êtres humains, dites-vous qu'il est comparable à un vulgaire moustique, et ne vous laissez plus impressionner. Loin d'être un lieu maudit, le bas astral peut même nous transmettre des messages et des informations utiles sur les esprits qui l'habitent mais également sur nous-mêmes.

Même chose pour la possession, lorsqu'un esprit invisible vous traverse ou prend possession, comme son nom l'indique, de vos faits et gestes : elle fait peur parce qu'elle est souvent associée au diable, mais les possessions divines existent aussi et sont bien plus nombreuses. Notre corps, qui n'est qu'un avatar de notre âme, peut servir de canal à des expériences d'amour et de guérison : c'est par ce biais-là que les êtres de lumière s'expriment et soignent à travers le médium. Et c'est ce que nous faisons tous, inconsciemment, lorsque nous demandons de l'aide à l'invisible.

Il est grand temps d'arrêter de considérer la possession comme fondamentalement « mauvaise ». Elle est une grande faculté psychique, un fabuleux atout qui permet aux artistes tels que les comédiens, les écrivains ou les peintres, par exemple, de sublimer leur art : grâce à leur équipe invisible, leur énergie change et ils peuvent réaliser des œuvres incroyables. Possédés par des êtres multidimensionnels, nous évoluons encore plus vite et pouvons démultiplier nos talents.

Cessons de vouloir systématiquement rester dans la dualité : nous avons tous une part d'ombre et de lumière en nous. Certaines personnes sont très lumineuses, d'autres plus sombres, mais cela ne fait pas d'elles de mauvaises personnes. Elles sont seulement différentes. Les hautes énergies dont je dispose, lumineuses, ont tendance à me faire passer pour un naïf qui semble vivre dans le monde des Bisounours – on me le dit souvent ! –, mais je possède aussi comme tout le monde des énergies noires. Ce sont elles qui m'aident à m'affirmer, à me faire entendre et à mettre à mal certains blocages sociaux et intimes qui m'empêchent parfois d'avancer.

Savoir être ferme avec l'autre, c'est savoir ce que l'on veut. Les médiums le savent mieux que quiconque parce que s'ils ne détiennent pas un caractère affirmé, ils peuvent rapidement se laisser déstabiliser par leurs clients. Les gens qui me connaissent savent que lorsque j'ai une idée en tête, elle est si ancrée – et souvent guidée par les anges – que je trouve toujours l'énergie pour la mener jusqu'à la victoire, peu importe les étapes à franchir.

Les démons ne sont rien face à votre lumière

Pour clore ce chapitre, rien de mieux qu'une mise à pied des êtres démoniaques qui hantent notre imaginaire collectif.

Les démons sont des êtres involutifs, c'est-à-dire qu'ils refusent l'évolution vers la lumière. Depuis le bas astral où ils logent (souvent à des fréquences très basses de la quatrième dimension), ils adorent pénétrer dans notre dimension pour nous effrayer et nous laisser aux prises avec notre matrice étriquée. Par clairvoyance, on peut les trouver sous des apparences multiples, mais le plus souvent proches des reptiles. Comme sur l'affiche du film *L'Exorciste* qui met en scène une petite fille aux yeux verts de serpent possédée par le démon.

Les démons sont excessivement intelligents et curieux. Ils sont le Bien en formation, sans être prêts encore à faire face à la puissance de l'amour. Ils détiennent des connaissances sur l'invisible qui peuvent donc nous manipuler. Cependant, face à la puissance de votre lumière, sachez qu'ils ne sont rien.

Une jeune femme a fait un jour appel à moi parce qu'il se passait chez elle des choses étranges qui commençaient à l'inquiéter sérieusement. Lorsqu'elle était à son domicile, Zeina se sentait en permanence comme fixée, scrutée. De temps à autre, alors qu'elle cuisinait ou prenait sa douche, il lui arrivait de sentir des frissons parcourir son corps sans raison. La nuit, même après avoir pris soin d'enclencher son système d'alarme et de verrouiller sa porte d'entrée, elle était régulièrement réveillée par des bruits étranges qu'elle décrivait ainsi : « Ça grince comme si quelqu'un poussait les meubles de mon salon. » Le lendemain matin pourtant, tout était intact. Jusqu'au jour où elle fut prise de panique en découvrant à son réveil qu'une commode avait déménagé au milieu de la pièce...

Cet épisode inexplicable avait décidé Zeina à contacter plusieurs médiums avant moi qui n'avaient rien pu faire pour elle. Quand elle poussa la porte de mon cabinet, médusée, elle m'implora de la suivre jusque chez elle pour que je ressente et comprenne ce qui pouvait bien se passer dans sa maison. Une fois sur place, je vis que la commode avait repris sa place habituelle, mais constatai qu'une croix fixée sur le mur avait été retournée, une tapisserie déchirée comme par des coups de griffes d'un chat alors qu'aucun animal ne vivait dans la maison... Pour Zeina, c'était certainement l'œuvre du fameux démon qui possédait les lieux.

Ressentant à mon tour des frissons parcourir mon corps, preuve que j'étais repéré, j'ai immédiatement appelé les êtres invisibles des dimensions les plus puissantes, « mes guerriers de lumière » comme je les appelle, pour renvoyer par vortex dans son trou noir ce démon qui semblait avoir des intentions aux antipodes des miennes.

Pour ce genre d'action, je change d'énergie : je prends toute la puissance que l'amour peut offrir aux autres et à moi-même. Il paraît que je peux faire peur, lorsque j'active cette énergie, mais c'est la puissance qui permet de maintenir l'ordre, et dans de telles situations, c'est à elle que je m'en remets. Il est faux de croire que les membres de notre équipe de lumière ne sont que douceur et chaleur : ils sont aussi extrêmement puissants, ce qui leur procure une autorité qui peut surprendre.

Ce jour-là, aux côtés des êtres de lumière aux beaux visages angéliques clairs et lumineux, je fus surpris de percevoir des êtres aux regards noirs et durs, certains très maigres, aux dents acérées : aucun d'entre eux ne me faisait peur, car ils étaient tous là pour moi et dans une union d'amour infini. Vous voyez bien qu'il n'y a de Mal que ce qu'on juge comme étant le Mal, c'est-à-dire le plus souvent ce qui est différent de nous, ce qui est étranger à nos habitudes. Pourtant, vous le savez bien : c'est la différence et la mixité qui créent la force.

Le bol d'amour : un outil puissant

Quand on se sent victime de quelqu'un, plutôt que de glisser lentement avec lui dans la dualité, je vous propose une solution miracle : le bol d'amour.

Vous le savez désormais, une personne aigrie, mauvaise ou violente n'exprime rien d'autre par là qu'un manque d'amour. Alors, que faites-vous ? Eh bien, vous lui envoyez de l'amour.

Expérience n° 24

• Tout d'abord, réalisez « l'expérience d'ancrage à la Terre » (page 35).
• Une fois que vous êtes prêt, imaginez un grand bol, une marmite, une casserole, n'importe quel contenant, et placez-y simplement les personnes qui vous accablent, vous font souffrir ou vous perturbent.
• Prenez le temps de les visualiser dans ce bol, puis appelez l'équipe invisible chargée de les placer dans une vibration transcendante d'amour. Laissez votre équipe remplacer les mauvaises énergies (la colère, la rancune, etc.) par de la joie, de l'amour, de la bienveillance qui vont couper court à votre discours victimaire et placer ceux que vous avez mis dans ce bol dans une énergie d'amour qui balaie tout sur son passage.

Faire appel au bol d'amour, c'est dire à une cliente râleuse, à un mari pénible ou un chien qui aboie et vous tape sur le système que vous les acceptez comme ils sont, que vous les aimez : immédiatement, leurs mauvaises ondes sont neutralisées et n'accèdent plus à votre mental. Hop, ça glisse sur la force de votre amour et sur ses vibrations positives.

Enfin, sachez que le bol d'amour peut être un formidable atout si vous avez tendance à vous dénigrer. Vous avez loupé une recette de cuisine, votre entretien d'embauche, ou vous n'avez pas réussi à conclure avec votre dernier *date* ? Mettez tout ce qui vous tracasse dans le bol, appelez votre équipe et laissez-la transformer ce Mal en amour.

Dans cette pratique, vous êtes le premier bénéficiaire de l'énergie transcendante d'amour ! Elle est donc à réaliser sans modération.

Le bol d'amour, c'est l'outil magique du XXIe siècle, notre meilleure défense face à toutes les attaques.

Merci la vie !

Avant de refermer ce livre, en guise de conclusion, j'aimerais vous rappeler à quel point nous avons une chance inouïe d'être sur Terre.

Durant des années, j'ai vécu amèrement mon incarnation terrestre, comme si j'avais été envoyé par punition sur cette planète. Il m'est même arrivé de reprocher à mes parents de m'avoir donné naissance, en soutenant que faire des enfants dans ce monde où tout va mal était égoïste…

J'ai longtemps préféré endosser le rôle de la victime plutôt que de considérer avec reconnaissance les cadeaux et les opportunités que j'allais découvrir et transmettre à mon tour. Encore fallait-il que je réalise qui je suis réellement, que je m'aime avec (pour ?) mes différences, et que j'accueille humblement mon devoir terrestre.

Nous sommes bien trop nombreux à préférer critiquer notre corps, nos créateurs (nos parents) ou nos racines familiales, parfois même notre planète – alors que c'est elle qui nous accorde l'apprentissage, l'accomplissement et la survie –, plutôt que de nous émerveiller de ce qui nous entoure. Agir ainsi, c'est aussi critiquer notre équipe invisible et tous les êtres de lumière qui nous portent et nous accompagnent au quotidien dans l'expérience terrestre.

Avec un tel mécanisme de dévalorisation de soi et de notre environnement, il n'est pas étonnant que beaucoup d'entre nous ne réussissent pas à trouver une paix intérieure stable et durable, un alignement divin et une foi incontestable dans l'existence.

Nous habitons une planète qui regorge de vie, de beauté, de force, mais par égoïsme, nous ne prenons pas le temps de la remercier, de la cultiver et de la sublimer. Si nous sommes de plus en plus nombreux à désirer accéder à un autre monde sans y parvenir, c'est-à-dire un monde d'amour, de bienveillance, de connexion, de respect, d'empathie, de joie et de transcendance, où l'invisible cohabiterait avec le visible, commençons par prendre grand soin de valoriser ce qui nous entoure, et au premier chef notre existence terrestre.

Le monde vibre dans des fréquences divines que trop peu d'entre nous reçoivent, alors que nous en avons tous la faculté. C'est ce que j'ai voulu démontrer dans chacun des chapitres de ce livre.

Si vous partagez ma vision du monde, je ne peux que vous inciter à écouter votre cœur et à vous laisser guider sur le chemin de l'amour, celui quc vous portez à vous-même comme celui que vous portez à votre prochain. En choisissant cette voie du cœur, un périple exceptionnel s'offrira à vous, vous guidant vers une joie et une conscience divine si profondes que vos facultés subtiles s'ouvriront progressivement jusqu'à incarner pleinement la merveilleuse personne que vous êtes : un être divin aux capacités magiques !

Remerciements

Je souhaite exprimer ici ma profonde gratitude envers toutes les personnes qui ont contribué à l'écriture de ce livre.

Tout d'abord, merci à mes parents, dont le soutien et l'ouverture à mes capacités spirituelles m'ont donné le courage de suivre cette voie professionnelle dès mon plus jeune âge. Sans leur confiance, je n'aurais pas pu avancer aussi sereinement.

Je tiens également à remercier toutes les personnes rencontrées au fil de mon parcours. Chacune, à sa manière, m'a transmis des enseignements précieux et m'a aidé à progresser sur ce chemin.

Un merci sincère à tous mes consultants pour leur confiance continue. Leur parcours et leurs défis personnels m'inspirent et m'aident à approfondir ma compréhension de l'humain et des mondes invisibles.

Je remercie aussi chaleureusement Lise Boëll, Estelle Cerutti, Olivia Karam, Margaux Russo, Guillaume Bazaille, Marion Salort et toute l'équipe de Fayard pour leur confiance, leur soutien et leur engagement pour un monde plus éveillé, spirituel, empreint de lumière et d'amour.

Enfin, je souhaite exprimer ma gratitude aux êtres invisibles et multidimensionnels qui m'ont accompagné tout au long de cette aventure.

Dans l'Amour et la Lumière,

Mathias Barthes

Table des matières

Table des matières

Cet ouvrage a été imprimé en France par
CPI Brodard & Taupin
Avenue Rhin et Danube
72200 La Flèche (France)

pour le compte des Éditions Fayard
13 rue du Montparnasse, 75006 Paris
info-fayard@editions-fayard.fr
en décembre 2024

Composition réalisée par
Belle Page

PAPIER CERTIFIÉ

fayard s'engage pour
l'environnement en réduisant
l'empreinte carbone de ses livres.
Celle de cet exemplaire est de :
450 g éq. CO_2
Rendez-vous sur
www.fayard-durable.fr

N° d'édition : 49-9034-1/01 - N° d'impression : 3059360